保険の基礎知識
－リスク対策のガイダンス－

林　　裕　著

税務経理協会

序　　文

　著者が昭和62年に熊本商科大学（現・熊本学園大学）に赴任して以来担当している保険論の講義ノートをまとめて，税務経理協会のご厚意により平成12年に『保険論講義』として出版していただいてから早15年が経過した。『保険論講義』はその書名の通り著者が担当している保険論の講義テキストとして執筆したものであるが，その後，税務経理協会からは『家計保険と消費者意識』，『家計保険論』，『家計保険論〔改訂版〕』の3冊も引き続き出版していただいた。『保険論講義』は当初よりテキストとして使うことを目的としていたので，その内容は平易なものであったが，その後，順次，保険論のテキストとして使用してきた後の3冊は初学者向けテキストとしては，やや記述が詳細で専門的な内容であったので，改めて初学者向けのテキストの必要性を認識し，ここに新たな講義テキストとして『保険の基礎知識』を上梓した次第である。

　今回の執筆においても，ほとんどの学生は高校までの教育課程で保険を学ぶ機会は極めて少なく，保険については初学者であるということを前提として，理解しやすいような講義順を試行錯誤し，表現もできる限り平易なものとするよう心がけた。また，この15年間で保険業界を取り巻く環境も様変わりしたので，その点を反映させた内容となっている。著者の研究領域が家計保険の分野であることもあって，やや家計保険に偏った内容になっている点については，ご了承いただきたい。なお，今回は章立てというよりは「保険の基

礎理論」「損害保険各論」「生命保険各論」という3つのテーマに大別して各々の項目を整理する形をとった。さらに各々の項目ごとの要点が明確になるように，項目ごとの文末に「講義メモ」を設けた。

　本書は，できるだけ息の長いものとするために，各々の項目における記述は基本的な部分に留め，講義の場で色づけがしやすいような内容にしてある。その意味では，説明も簡略で物足りないような観があるかもしれないが，より詳細な解説は拙著『家計保険論〔改訂版〕』を参考にしていただければ幸いである。

　税務経理協会の峯村英治氏はじめ書籍部の皆さんには，出版事情厳しき折に著者の我儘を聴いていただき，本書の出版をお引き受けいただき，また校正等でひとかたならぬご尽力をいただいた。この場をおかりして御礼申し上げたい。

2014年11月

林　　裕

目　　次

序　　文

I　保険の基礎理論

1. リスクマネジメントと保険制度 …………………………… 3
2. 損害保険の歴史 ……………………………………………… 6
3. 生命保険の歴史 ……………………………………………… 10
4. 保険の分類 …………………………………………………… 12
5. 保険の仕組み ………………………………………………… 14
6. 保険料の仕組み ……………………………………………… 18
7. 保険契約の仕組み …………………………………………… 21
8. 損害保険の契約形態 ………………………………………… 24
9. 損害の種類 …………………………………………………… 29
10. 保険の販売チャネル ………………………………………… 32
11. 保険契約者の保護 …………………………………………… 36
12. 相 互 会 社 …………………………………………………… 39
13. 簡易保険の民営化 …………………………………………… 42
14. 共済の理念と現状 …………………………………………… 45
15. 社 会 保 険 …………………………………………………… 47

Ⅱ 損害保険各論
　1．海上保険 ……………………………………… 53
　2．火災保険 ……………………………………… 56
　3．地震保険 ……………………………………… 58
　4．自動車損害賠償責任保険 …………………… 62
　5．任意の自動車保険 …………………………… 64
　6．傷害保険 ……………………………………… 67
　7．賠償責任保険 ………………………………… 69
　8．積立型損害保険 ……………………………… 71
　9．巨大リスクと損害保険 ……………………… 73
　10．代替的リスク移転 …………………………… 76

Ⅲ 生命保険各論
　1．生命保険の基本分類 ………………………… 81
　2．長生きのリスクと生命保険 ………………… 84
　3．インフレーションと生命保険 ……………… 89
　4．ライフステージと生命保険 ………………… 91
　5．福利厚生制度としての団体保険 …………… 94

跋　　文 …………………………………………… 97
主要参考文献 ……………………………………… 99
索　　引 …………………………………………… 103

I　保険の基礎理論

1．リスクマネジメントと保険制度

　一般的にリスクといえば火災・自動車事故・病気・傷害・死亡といった不幸な出来事を連想するが，保険が対象とするリスクはこのような不幸な出来事だけではない。例えば，こどもの成長やお年寄りの長生きもリスクである。こどもが元気に成長することはめでたいことであるが，その反面，親には教育費の負担が発生するし，また，お年寄りが長生きすることはめでたいことであるが，長生きすればするほど老後の生活資金がかさむことになる。これらの経済的負担がリスクとみなされるのである。すなわち，保険が対象とするリスクとは，偶然事故の発生による将来の経済的負担発生の可能性のことなのである。火災が発生した際の住宅の再築費，自動車事故を起こした際の被害者への賠償金，病気や傷害で入院・手術した際の治療費，一家の大黒柱が死亡した場合の遺族の生活資金などが例としてあげられる。

　企業活動や私たちの日常生活の周辺には様々なリスクが潜在しているが，大別すれば，人的リスク・物的リスク・目に見えないリスクに分類される。人的リスクとは病気・傷害・死亡などであり，物的リスクとは住宅火災・車両損害・生活用動産の損害などであり，目に見えないリスクとは損害賠償・臨時費用・利益喪失などである。またリスクは，事故の発生も発生時期も不確実なリスクと，事故の発生は確実だが発生時期だけが不確実なリスクに大別される。前者

が火災・自動車事故・病気・傷害などであり，後者が人間の死亡である。人間である以上いずれは天寿を全うするときが来るので，死亡リスクの発生は確実だからである。さらにリスクは保険の対象となるリスクと対象とならないリスクに大別される。前者が純粋リスク（Pure Risk），後者が投機的リスク（Speculative Risk）である。純粋リスクはリスクが顕在化した時には常に損失のみが発生するが，投機的リスクは損失が発生することもあれば利益を生むこともある。投機的リスクの例としては，株価変動・為替変動などがあげられる。ところで，日本語で言うところの危険に該当する英単語に，ハザード（Hazard），ペリル（Peril），リスク（Risk）があるが，ハザードは損害を発生させる状況，ペリルは偶然事故そのもの，リスクは経済的負担発生の可能性の意味で使い分けられる。

　さて，企業活動や日常生活に様々なリスクが潜在しているとすれば，いかにしてリスクに対処するかを検討しなければならない。リスクを洗い出し（リスクの発見），発生率と損害額を予測し（リスクの評価），処理の方法を選択し（リスクの処理），処理の妥当性を検証する（結果の検証）という一連の流れがリスクマネジメントの体系である。企業活動におけるリスクマネジメントは，資本の運動を阻害する様々な企業リスクを排除することが共通の目的であるのに対して，日常生活におけるリスクマネジメントは個々のライフスタイルの数だけ異なるリスクが潜在している点でリスクの評価はより複雑になる。また，日常生活におけるリスクマネジメントでは何をリスクと捉えるかという点が企業活動におけるリスクマネジメントほど明確でないので，リスクマネジメントの考え方自体が曖昧にならざるを得ないところがある。

I　保険の基礎理論

　リスク処理の方法には事故発生前の技術的操作であるリスクコントロールと，事故発生後の資金的操作であるリスクファイナンスがある。さらにリスクコントロールにはリスク回避策とリスク縮小策が，リスクファイナンスにはリスク保有策とリスク転嫁策がある。このうち保険制度はリスク転嫁策に該当し，個人では対応できない高額の損害が想定されるものが対象となる。想定される損害が預金など個人の資力で対応できるくらいの少額の損害であれば必ずしも保険制度を利用する必要はなく，リスクを保有（個人の資力で対応）することも可能である。

　ところで，預金と保険の違いを表す言葉に「預金は三角，保険は四角」というものがあるが，この言葉は預金は目標額が達成（三角形が完成）されて初めて効用を発揮するが，保険は保険契約期間中はいつでも補償（保障）を得ることができる（四角形）という意味で用いられている。

講義メモ

- 純粋リスク（Pure Risk）……保険の対象となるリスク。
- 投機的リスク（Speculative Risk）……保険の対象とならないリスク。
- ハザード（Hazard）……損害を発生させる状況。
- ペリル（Peril）……偶然事故そのもの。
- リスク（Risk）……経済的負担発生の可能性。
- リスクコントロール
  - リスク回避策
  - リスク縮小策
- リスクファイナンス
  - リスク保有策
  - リスク転嫁策 → 保険制度

2．損害保険の歴史

　近代保険の歴史は，ギリシャ・ローマ時代から地中海沿岸地方でおこなわれていた冒険貸借という一種の金銭消費貸借契約が，12世紀から14世紀にかけて形態変化した末に誕生した海上保険に始まる。道路および陸上交通機関が未発達だった当時の商業交通は海上交通が中心であった。しかし，海上交通は海上の自然的リスクと海賊のような人為的リスクと常に背中合わせであった。すなわち，海上貿易という商業活動において最初に認識すべきリスクは海上リスクだったのである。冒険貸借とは，資産家が貿易商人に対して船舶または積荷を抵当として資金を貸与し，貿易商人は船舶または積荷が安全到着することを条件として利子を付けて資金を返済するというものであった。したがって，船舶または積荷が自然災害による沈没や海賊による略奪などによって損害を受けた場合は，貿易商人は返済義務を免れるというものであった。このようにして，貿易商人は海上交通のリスクを資産家に転嫁することになるのである。すなわち，冒険貸借には資金融通とリスク転嫁という２つの機能があるわけである。このうち冒険貸借の形態変化によって後者が独立して誕生したものが海上保険である。

　冒険貸借の形態変化は，1230年頃にローマ法王グレゴリオ９世（GregorⅨ）が利子禁止令を発布したことが契機となったといわれているが，貿易商人も次第に資産を蓄積するようになり，資金融通

の必要性が薄れリスク転嫁のみを求めるようになったことや，航海の無事遂行にもかかわらず資金を返済しない者が現れ，資産家が苦境に陥る事例があったことも一因とされている。冒険貸借は利子禁止令に抵触しないように無償貸借へと形態変化し，さらに利子の嫌疑をかけられない売買仮装契約へと変化していくことになる。無償貸借とは，資産家が貿易商人から無利息の消費貸借を受けたことにするが，実際には金銭の授受はおこなわれず，船舶または積荷が安全到着した場合は契約を解除し，損害を受けた場合に資金を返済するというものである。契約に際しては貿易商人から資産家に対して手数料が支払われていた。無償貸借は貸借の形態をとっていたこともあり，利子の嫌疑を免れなかったので，さらに売買仮装契約へと変化していくことになる。売買仮装契約とは，資産家が貿易商人から船舶または積荷を買い受ける契約をかわすのであるが，その代金の支払は損害が発生した場合におこなわれるというもので，安全到着の場合は契約が解除された。この場合も，契約に際して貿易商人から資産家に売買手数料が支払われていた。売買仮装契約は実質的には損害填補契約ということができ，この売買仮装契約が純粋な損害填補契約へと変化していくのには，もはや長い時間は要さなかった。こうして冒険貸借の形態変化の末に，14世紀末には海上保険の原初形態が成立したのである。

　海上保険は後にロンバート商人の手によってイギリスにもたらされ，エドワード・ロイド（Edward Lloyd）が1688年に開いたロイズ・コーヒー・ハウス（Lloyd's Coffee House）における保険取引を通じて技術的基礎が固められて，さらに近代化の道を歩むことになる。当時のコーヒー・ハウスは，ニュース交換の場であり，事務所

の役割も果たし，また世論を取り締まる場でもあった。ロイドはコーヒー・ハウスをひらくにあたり，貿易関係者を主な客筋とする店作りをしたため，ここに保険引受人も出入りするようになり，ひとつの保険市場を形成することになったのである。ロイズ・コーヒー・ハウスが保険市場となり，保険取引に必要なリスク測定の情報が蓄積され，保険の技術的基礎が確立されていくことによって，海上保険は近代化の道を歩むことになったのである。いうまでもなく，ロイズ・コーヒー・ハウスとは，現在，世界最大の保険市場といわれているロイズ（Lloyd's）の起源となった場所である。

　海上保険に続いて誕生したのが火災保険である。火災保険の起源については，ドイツの火災ギルドを起源とする説と，ロンドン大火後にニコラス・バーボン（Nicholas Barbon）の手によって誕生したファイア・オフィス（Fire Office）を起源とする説があるが，前者は公営火災保険の起源であり，後者は営利主義火災保険の起源として評価を異にすべきである。ここでは，イギリスで営利主義火災保険が誕生した経緯を概観することにする。火災保険誕生の契機となったのは1666年のロンドン大火である。ロンドン大火は1666年9月2日に出火し，9月5日に鎮火するまで丸4日間燃え続け，ロンドンの5分の4を焼失し，10万人が焼け出されたという大災害であった。ロンドン大火当時，建築業者であったバーボンは建物に保険を付けることで自らの利益の増加を考えるようになり，1681年にファイア・オフィスを設立し火災保険の引き受けをおこなうようになった。当時すでに海上保険の取引がおこなわれていたので，これを建物の保険に応用したわけである。

　損害保険は新しい産業の発展によって新しいリスクが登場する

と，常にその後を追うようにして保険種類を増やしていった。例えば，スチーブンソン（George Stephenson）が1814年に蒸気機関を発明した後におとずれた鉄道フィーバーで鉄道事故が多発したことから傷害保険が誕生し，ベンツ（Karl Benz）が1885年に，ダイムラー（Gottlieb Daimler）が1886年にガソリンエンジン車を発明した後におとずれた自動車社会を反映して自動車保険が誕生したりといった具合にである。今日，損害保険は「リスクあるところに損害保険あり」といわれるほど多種多様の商品を提供しているが，海上保険と火災保険は伝統的損害保険として損害保険の発展に大きく貢献してきたのである。

講義メモ

保険の誕生……保険は海上保険から始まる。

海上保険の誕生……冒険貸借 → 無償貸借 → 売買仮装契約
　　　　　　　　→ 損害填補契約（海上保険の原初形態）。

エドワード・ロイド（Edward Lloyd）……ロイズ・コーヒー・ハウス（Lloyd's Coffee House）における海上保険の近代化 → ロイズ（Lloyd's）の起源。

ニコラス・バーボン（Nicholas Barbon）……火災保険の創始者。ロンドン大火後，ファイア・オフィス（Fire Office）設立。

3．生命保険の歴史

　生命保険については，その生成を海上保険からの分離独立とする見解からすると，損害保険同様，損害の概念から誕生したものといえる。すなわち，生命保険の萌芽を海上保険の一部であった奴隷保険・身代金保険に求め，それが広く一般の人々の生命を対象とするようになったことを生命保険の発展の契機と見なすものである。14～15世紀の萌芽期の生命保険は損害性と密接な関係を持っていたという意味で，損害保険の基盤から成長を始めたということができるが，生命保険が損害保険から分離独立して独自の道を歩み出すと，損害の概念は徐々に希薄化していくことになる。生命保険の発展については，中世に教会でおこなわれていた年金事業が技術的基礎となる平均の原理のもとになったといわれている。それに加えて，17世紀後半から18世紀にかけて展開された確率論や統計学といった数理研究の成果が，生命保険の近代化に不可欠な要素となっていくのである。

　ロンドンの王立協会から依頼を受けて，ブレスロウ市の死亡記録を基にエドモンド・ハレー（Edmund Halley）が1693年に発明した生命表によって，年齢別の料率計算が可能となり，生命保険の近代化のための技術的基礎が確立されることになった。しかし，ジョン・ハートレー（John Hartley）によって1706年に設立された最初の生命保険専業会社であるアミカブル・ソサエティー（Amicable

Society for Perpetual Assurance）はフランスのトンチン年金を応用して設立された会社で，生命表を用いない非科学的な生命保険会社であった。トンチン年金とはフランス在住のイタリア人，ローレンツォ・トンチ（Lorenzo Tonti）が考案したもので，集められた年金原資を生存者数で分配するという方式であり，1689年にフランスで採用されたものである。ハートレーはこれを応用し，加入口数を2,000口に限定，12歳から45歳までなら誰でも加入可，保険料は一律6ポンド4シリング，保険金は会社の必要経費を差し引いた残額を遺族に均等に分配するという経営をおこなった。アミカブルの経営は今日の生命保険経営とは相容れないものであるので，今日の生命保険の始まりとは位置づけられていない。

　今日の近代的生命保険の始祖といわれているのは，ジェームス・ドッドソン（James Dodson）が計画し1762年に設立されたエクイタブル・ソサエティー（The Society for the Equitable Assurance on Lives and Survivorships）である。エクイタブルが近代的生命保険の始祖といわれるゆえんは，生命表に基づく年齢別料率を用い，長期保険を可能とする平準保険料方式を採用した科学的な経営をおこなったからである。生命保険においては損害の概念が希薄化した反面，平準保険料方式に基づく保険期間の長期化によって，損害保険にはない貯蓄要素が介入することになるのである。

> **講義メモ**
> 生命保険の萌芽……海上保険の一部であった奴隷保険・身代金保険が生命保険の萌芽。
> エドモンド・ハレー（Edmund Halley）……生命表を発明。
> ジョン・ハートレー（John Hartley）……トンチン年金を応用して最初の生命保険専業会社アミカブル・ソサエティーを設立。ただし，非科学的な生命保険経営をおこなう。
> ジェームス・ドッドソン（James Dodson）……生命表に基づく年齢別料率と平準保険料方式による近代的生命保険会社エクイタブル・ソサエティーを計画。

4．保険の分類

　保険は様々な基準で分類することができる。保険事故の発生する客体によると人保険と物保険，保険料の源泉によると企業保険と家計保険，保険料の性格によると費用保険と貯蓄保険，保険事業の経営主体によると民営保険と公営保険，保険経営の動機によると営利保険と非営利保険，保険給付の方法によると損害保険と定額保険，保険加入の仕方によると強制保険と任意保険，保険期間によると長期保険と短期保険，被保険者の選択方法によると個人保険と団体保険，保険契約の引受方法によると元受保険と再保険，政策的要素の

有無によると普通保険と経済政策保険，保険法によると損害保険と生命保険といった具合である。保険の分類は保険の性格を正しく理解するための前提となるものであり，このような様々な視点から保険を分類することによって，保険の性格を導き出すことができるのである。

　一般的な分類としては損害保険と生命保険が使われることが多いが，これは保険法上の分類であり，損害保険を発生した損害を埋め合わせるにたるだけの保険金を支払う損害塡補と定義し，生命保険を人の生死に関して一定の保険金を支払う定額給付と定義している。損害保険は損害塡補という保険金の支払方法によって定義されているが，生命保険は人の生死という保険金の支払条件によって定義されており，各々異なる基準で定義されていることから，むしろ損害保険に対峙する概念としては定額保険のほうが理論的である。

　ところで保険事象を経済的に分析する基準として最も妥当な基準が，企業保険と家計保険という分類である。この分類は保険料の源泉をその分類基準にしているが，それは保険料が資本循環とのかかわりから生じているのか，消費基金とのかかわりから生じているのかという点に着目するものである。すなわち，保険料の源泉が利潤の一部から生じているものを企業保険，個人的所得から生じているものを家計保険と定義するものである。

　火災保険を例にあげれば，工場にかける火災保険は企業保険であり，住宅にかける火災保険は家計保険ということになる。企業保険はリスクに対して積極的に保険契約に向かうものである。なぜなら，企業保険が対象とするものは利潤を生むことを目的とする資本の再生産体系を脅かすリスクだからである。これに対して家計保険は保

険料が個人的所得の大きさによって規定され，また個人的所得から支払われるがゆえに，何か他の支出を犠牲にしなければならない。家計保険が企業保険ほど厳密に規定できないゆえんである。

　家計保険はさらに2つの範疇から成り立っている。ひとつは家屋や動産が被るリスクに備える家計財産保険であり，いまひとつは社会的蓄積となる家計貯蓄保険である。家計財産保険は保険料が個人的所得から支払われている点を除けば企業保険とほぼ性格を同じくしている。以上の点を整理すると，企業保険と家計財産保険が損害保険のことをさし，家計貯蓄保険が生命保険のことをさしているといえよう。

講義メモ

保険の分類……保険の性格を正しく理解するための前提となるもの。
損害保険と生命保険……保険法による分類。
企業保険と家計保険……保険料の源泉による分類。

5．保険の仕組み

　保険は未来の偶然事故を契約の対象とする制度である。どの家が火災に遭うのか，どの自動車が事故を起こすのか，誰がいつ死ぬのかといったことは予測不可能のはずである。確かに，特定個人の上に発生する未来の偶然事故は予測不可能である。しかし，確率とし

て把握することは可能である。すなわち，同じような出来事を大量に観察することによって確率を見出すことができるのである。これを大数の法則という。企業活動や日常生活に起こる偶然事故は，これを個別に観察する限りにおいては偶然に発生しているとしか思えない。しかし，同じような出来事，例えば火災という出来事を大量に観察すれば，火災発生率というかたちで未来の偶然事故を予測することができるのである。

　この大数の法則を説明するためによく引き合いに出されるのがサイコロの話しである。サイコロを振って１の目が出る確率は６分の１である。サイコロには面が６つあるので至極当然の結論である。しかし，サイコロを６回振れば必ず１が１回出るというわけではない。では，サイコロを振って１の目が出る確率が６分の１であることを証明するにはどうすればよいか。それはサイコロを振る回数を限りなく増やすことである。サイコロを振る回数を100回，1,000回，10,000回と限りなく増やしていけば１の目が出る確率は６分の１に近づいていく。これを応用したのが保険制度である。一見，偶然に起きているとしか思えない火災・自動車事故・死亡といった出来事も，大量観察をすることによって確率として把握できるのである。保険は未来の漠然とした不安を事故発生率という数字に置き換えて経済的に処理する制度，すなわち偶然を必然化させる制度なのである。こうして未来の偶然事故を予測する確率が手に入れば，これに基づいて個々の契約における純保険料計算を合理的におこなうことができるのである。

　保険契約において保険に加入する側が保険会社に支払う金銭を保険料というが，保険料は２つの要素から構成されている。ひとつは

将来の保険金支払の財源となる純保険料であり，いまひとつは保険会社の営業費となる付加保険料である。このうち純保険料の算出において収支相等の原則と給付反対給付均等の原則が成り立つ。前者は保険会社の収支全体に係わるもので，後者は個々の純保険料計算に係わるものである。収支相等の原則を公式で表すと，保険加入者数×純保険料＝事故発生件数×保険金となる。例えば，ある一定地域に1,000人の保険加入者がいて，彼らが全て同じ保険会社に年間事故発生件数２件の偶然事故に備えるために1,000万円の保険に入るとすると，右辺と左辺が釣り合うためにはひとりあたりの純保険料は２万円になることがわかる。この公式の左辺が収入純保険料総額，右辺が支払保険金総額を意味している。この例の場合，ひとり２万円の純保険料を負担することで，事故発生時には保険会社から1,000万円の保険金が受け取れることになる。保険制度が「小さな負担で大きな補償（保障）」といわれるゆえんである。

　ところで，保険制度について「保険に入ってもめったに事故に遭うことはないので，保険料を支払うのがばからしい。」というふうに考えている人が少なくない。いわゆる「保険は掛け捨てなので損だ。」という考え方である。この掛け捨てという言葉は，保険料を支払っても実際に保険金を受け取るのは事故に遭ったごく一部の人たちだけなので，大半の事故に遭わなかった人たちは保険会社からは何の見返りもなく，支払った保険料が無駄になってしまうという意味で使われることが多い。このことを個々の保険加入者が支払う純保険料の持っている意味を考えることにより，保険制度が理論的には決して掛け捨てにはなっていないことを検証してみよう。

　まず，掛け捨てになったと思っている個々の加入者が支払った純

保険料はどこにいったのかというと，事故に遭った人が受け取った保険金の一部になっているのである。つまり保険契約全体の中で，個々の加入者が支払った純保険料はその役割を果たしていることがわかる。決して無駄金でも捨て金でもないのである。保険を掛け捨てだと思っている人たちの誤解の原因のひとつが，保険契約を自分と保険会社との一対一の契約だと錯覚しているところにある。保険契約は同一のリスクにさらされている人たちが保険集団を形成し，各々のリスク分担額を純保険料というかたちで負担するという社会的分担機構としてとらえなければならない。つまり，保険制度というのは，事故に遭わなかった人の純保険料で事故に遭った人が救済されるという仕組みなのである。保険制度が「一人は万人のために，万人は一人のために。」という言葉で表象されるゆえんである。

次に，収支相等の原則を示す先の公式（保険加入者数×純保険料＝事故発生件数×保険金）を変形すると，純保険料＝事故発生率×保険金という公式になる。事故発生件数を保険加入者数で除すと事故発生率が導かれるからである。この公式から純保険料が事故発生率の大きさに基づいて算出されていることがわかる。すなわち，事故発生率が大きければ純保険料は高くなり，事故発生率が小さければ純保険料は安くなるというもので，このことから純保険料が個々の加入者のリスクの大きさに基づいて合理的に算出されていることがわかる。これを給付反対給付均等の原則という。個々の加入者が支払っている純保険料は，万一の場合に十分な補償（保障）を得るための必要コストであり，誰が保険金を受け取るかということは結果論に過ぎないのである。

> **講義メモ**
> 大数の法則……同じような出来事を大量に観察することによって，未来の偶然事故を確率として把握するという確率理論。
> 収支相等の原則……収入純保険料総額と支払保険金総額が相等しくなければ保険経営は成り立たないという，保険会社全体の収支を示す原則。
> 給付反対給付均等の原則……純保険料は事故発生率の大きさによって決まるという，個々の純保険料算出の合理性を示す原則。

6．保険料の仕組み

　保険料はすべての保険分野において純保険料と付加保険料とから構成されている。純保険料は保険金支払の財源となる部分であり，収支相等の原則と給付反対給付均等の原則にあてはまるものである。一方，付加保険料は保険会社の営業費をまかなう部分である。損害保険における純保険料は事故発生率に損害の程度を加味した予定損害率から算出され，付加保険料は社費や代理店手数料をまかなうために予定事業費率から算出される。また，生命保険における純保険料は生命表に基づく予定死亡率に，長期保険であるがゆえに必要な予定利率が加味されて算出される。生命保険における予定利率の考

え方とは，純保険料算出にあたって，将来の利子分を割り引くというもので，例えば，予定利率4％とすると，純保険料と保険金との関係は，純保険料（960）＋予定利子（40）＝保険金（1,000）と表すことができる。すなわち，生命保険の純保険料は予定利率によって割り引かれた現価となるのである。このことは，生命保険会社にとって，予定利率を最低限とする運用収益をあげることが資産運用の最低目標となることを示している。生命保険の付加保険料は損害保険同様に予定事業費率から算出されるが，その内訳は新契約費・維持費・集金費に大別される。

　加えて，生命保険における純保険料算出の際には，いまひとつ技術的な工夫がなされている。生命保険における純保険料算出の基礎は死亡率であるが，死亡率どおりに純保険料を算出すると，一般に人間は年を重ねるごとに死亡率が上昇するので，老齢に近づくにつれて高額の純保険料を負担しなければならなくなる。また，生命保険会社としても毎年純保険料の算出をしなければならないという煩雑さを伴うことになる。このように死亡率どおりに算出される純保険料を自然保険料というが，この方式は種々の点で不便であるので，長期の保険期間中の純保険料が均一になるように自然保険料の平均化がおこなわれている。この方式を平準保険料といい，これによって生命保険は長期契約が可能となったのである。

　ところで，生命保険においては予定利率の割引によって，損害保険も短期の運用に加えて積立型商品を販売していることによって資産運用の必要がある。資産運用にあたっては，安全性の原則（投機的な運用は避ける），有利性の原則（安全かつ高収益の投資対象を選択する），多様性の原則（特定の物件に集中的に投資しない），流動性の原

則（資産を換金できる状態をある程度保持しておく）が求められる。また，投資対象には一長一短があるので投資対象の適切な組み合わせが必要となる。例えば，株式は収益性には優れているが安全性に問題があり，預金は安全性と流動性には優れているが収益性に乏しいからである。

さらに，保険料算出のそれぞれの基準と実際の保険経営の結果から生じる差額が，保険会社の利潤源泉となっている。純保険料から生じるものが，損害保険では危険差益（予定損害と実際損害の差），生命保険では死差益（予定死亡者と実際死亡者の差）と利差益（予定利子と実際利子との差）である。一方，付加保険料から生じるものが，損害保険・生命保険ともに費差益（予定事業費と実際事業費の差）である。なお，損失が発生した場合は差損となるが，株価の暴落・土地価格の下落などの影響で，差損発生の可能性が高いものは利差損である。

講義メモ

保険料 ┬ 純保険料……将来の保険金の財源。
　　　 └ 付加保険料……保険会社の営業費。

損害保険の保険料算出基準……予定損害率・予定事業費率。

生命保険の保険料算出基準……予定死亡率・予定利率・予定事業費率。

自然保険料……生命保険における純保険料を死亡率どおりに算出したもの。

平準保険料……自然保険料を保険期間で平準化したもの。

資産運用原則……安全性の原則・有利性の原則・多様性の原則・流動性の原則。

保険会社の利潤源泉 ┬ 危険差益（生命保険では死差益）
　　　　　　　　　├ 利差益
　　　　　　　　　└ 費差益

7．保険契約の仕組み

　保険契約における契約当事者は保険者（＝保険会社）と保険契約者（＝保険加入者）である。保険者は保険事故発生の際に保険金の支払を約束するものであり，保険契約者はこれに対して保険料の支払義務を負うものである。損害保険契約において保険事故発生の際に保険金の支払を受けるものを被保険者という。この場合の被保険者は被保険利益（Insurable interest）を有するものでなければならない。被保険利益とは人と物との利害関係をさすものであり，保険契約の目的となるものである。被保険利益が存在しないものには保険契約を締結することはできない。生命保険契約・傷害疾病定額保険契約における被保険者とは保険金支払の条件となるもののことであり，保険金の支払を受けるものは保険金受取人という。

　保険契約に臨む際に課せられているものが告知義務である。告知義務は保険者のリスク選択に不可欠の制度であり，契約に際して告知を求められた重要な事項について不実を告げてはならないとされ

ている。保険制度は事故発生率を純保険料に反映させるものなので，保険者にとって何よりも重要な情報は保険契約者または被保険者となるもののリスク情報である。火災保険においては保険の目的物・保険の目的物の所在地・保険の目的物の所有者・保険の目的物ならびにこれを収容する建物の構造および用法など，自動車保険においては被保険自動車の用途・車種・運転者年齢・前契約における事故の有無など，生命保険においては現在の健康状態・過去の病歴・職業などが告知の対象となる。告知事項について，悪意または重大な過失によって重要な事実を告げず，または不実のことを告げた場合は告知義務違反に問われ，事故発生前であれば契約の解除，保険金支払の後であれば保険金の返還請求がおこなわれる。

　告知義務と並んで保険契約者または被保険者に課せられているものが通知義務である。通知義務には事故発生の通知とリスクの増加・変更の通知がある。事故発生の通知は，事故が発生した場合は遅滞なく保険者にその事実を通知しなければならないというもので，特に損害保険においては事故原因の適切な調査や損害額の確定をおこなう機会を逸しないためにもすみやかな通知が求められる。一方，リスクの増加・変更の通知は，リスクの増加・変更に伴って不足となった純保険料を増額させることで保険契約者間の公平性を維持する必要があるからで，適正な純保険料計算のために不可欠なものである。リスクの増加・変更を遅滞なく通知することを怠った場合，保険者はリスクの増加・変更が生じた時点から保険契約を解除することができる。告知義務と通知義務に加えて，損害保険契約においては損害防止義務も課せられている。例えば，人身事故を起こした場合に被害者を安全な場所に移動させるなどの措置をとることであ

る。これを怠り被害が拡大した場合は保険金が減額されることになる。

　保険はその補償（保障）機能から「助け合い」のイメージが強いが，保険における助け合いとは保険集団における保険料と保険金との間に存在する「技術的助け合い」であって，人的要素が介在する文字どおりの助け合いではない。保険は保険約款に厳然と拘束される契約であることを認識する必要がある。しかし現実問題として保険契約者が保険約款に目をとおしていることはまれであり，契約内容が十分理解されているとはいえない現状である。せめて約款の内容を平易に解説した契約のしおりに記載されている重要事項については目をとおしておく必要がある。

講義メモ

保険者……保険事故発生の際に保険金の支払をなすもの。

保険契約者……保険者に対して保険料の支払義務を負うもの。

被保険者……損害保険契約においては保険金の支払を受けるもの。生命保険契約・傷害疾病定額保険契約においては保険金支払の条件となるもののこと。

保険金受取人……生命保険契約・傷害疾病定額保険契約において保険金の支払を受けるもののこと。

告知義務……保険契約者または被保険者は保険者から告知を求められた重要事項について正しい告知をしなければならないというもの。

通知義務……事故発生の際は遅滞なくその事実を保険者に通知しなければならないという事故発生の通知と，保

険契約締結後にリスクが増加あるいは変更になった場合は保険者にその旨を遅滞なく通知しなければならないというリスクの増加・変更の通知がある。

損害防止義務……保険契約者または被保険者は損害の拡大防止に努めなければならないというもの。

8．損害保険の契約形態

　損害保険契約の目的となるものが被保険利益の存在である。被保険利益とは偶然事故が発生した場合に人が被保険物件について所持しているところの利害関係のことであり，それは金銭で見積もることができる経済的利害関係でなければならない。保険の目的である被保険物件は特定人の所有に属するものであり，そこに偶然事故が発生すれば所有者は何らかの損失を被ることになるので，明らかに利害関係が生じることになる。この利害関係，すなわち被保険利益こそが損害保険契約の目的となるものである。なお，今日では被保険利益は財産的損害のみならず，利益喪失・費用損害・責任損害についても認められている。

　被保険利益の経済的価値をあらわしたものが保険価額である。保険価額とは偶然事故が発生した場合に発生する損害の最高見積額のことである。一方，偶然事故が発生した場合に保険者の損害塡補責

任の最高限度額となるものを保険金額という。例えば，時価2,000万円の家屋の保険価額は2,000万円ということになり，この家屋に対する火災保険契約の金額が保険金額ということになる。損害保険契約はこの保険価額と保険金額との関係からいくつかの契約形態に分類される。

　保険価額と保険金額が等しい契約形態を全部保険という。損害保険の保険金は損害額に保険価額に対する保険金額の割合を乗じて算出するという比例填補の考え方に基づいているので，保険価額と保険金額が等しければ，損害額と支払保険金が等しくなり，全額補償を受けることができるのである。例えば，保険価額2,000万円，保険金額2,000万円の全部保険で1,000万円の損害が発生した場合に支払われる保険金は1,000万円ということになり全額補償となる。全部保険が理想的な損害保険の契約形態であるといわれるゆえんである。

　次に，保険価額よりも保険金額が小さい契約形態を一部保険という。一部保険は比例填補の考え方からすると損害額の全額は補償されないのであるが，全部保険に加入する保険料負担が困難な場合は保険金額を保険価額よりも小さくして保険料の節約をはからなければならない。一部保険はこのような事情で生じるのである。例えば，保険価額2,000万円，保険金額1,600万円の一部保険で1,000万円の損害が発生した場合，比例填補により保険会社の責任は5分の4となるので，支払われる保険金は800万円となり全額補償は得られないことになる。この場合の一部保険について，保険金額1,600万円で契約していて，発生した損害は1,000万円なのになぜ800万円しか支払われないのかという疑問がもたれることがあるが，そもそもこ

の契約における保険会社の責任は5分の4しかないという点に留意しなければならない。

　一部保険は保険契約の公平性の観点からすると何ら問題はないのであるが，一部保険を希望する保険契約者には不評であったので，1972（昭和47）年に比例填補の緩和措置が導入され，実務上では保険価額の80％を目安に契約すれば保険金額を限度として損害額の全額が補償されるようになった。具体的には，保険価額に0.8を乗じて比例填補の計算をするということで，先の一部保険の例でいえば保険価額が2,000万円×0.8＝1,600万円となるので，1,600万円を限度とした全額補償が得られるわけである。なお，保険金額が保険価額の80％に達しない場合は比例填補の適用を受けることになる。

　さらに，保険価額よりも保険金額が大きい契約形態を超過保険というが，支払われる保険金は損害填補の原則から保険価額が限度なので超過分の保険料が無駄になってしまう。そこで，保険法第9条では，契約締結時に超過保険となっていた場合，保険契約者および被保険者が善意で重大な過失がなかった場合は超過分について取消しができ，この際，契約締結時に遡って，超過分の保険料が返還されるとしている。

　ところで，損害保険は未評価保険主義に基づいて保険価額の評価をするために，保険価額は変動する場合がある。未評価保険主義とは，損害保険契約を締結するときの保険価額は見積価額とされ，偶然事故発生時に時価評価によって保険価額が決定されるというものである。保険契約締結後に保険価額が減少した場合，偶然事故発生時には保険金額よりも保険価額が小さくなってしまい，結果として超過保険になる場合があるが，保険法第10条において，保険価額が

著しく減少したときは，保険金額を減少後の保険価額まで減額でき，保険料の減額も請求できるとしている。

　このように損害保険契約においては偶然事故発生時に時価相当分の保険金しか支払われないので，例えば，火災によって損害を被った建物を保険金だけで再調達することは困難になる。そこでこのような問題を緩和するために，1975（昭和50）年に価額協定保険特約が誕生した。価額協定保険特約では，建物については再調達価額で，家財については再調達価額または時価額で契約ができるようになった。価額協定保険特約の考え方は時価評価による損害塡補に加えて再調達に必要な費用を費用損害と見なして再調達価額で評価するというものである。

　なお，原則として損害保険契約では保険価額の変動を考慮して未評価保険主義がとられているが，海上保険においては契約時に保険価額を確定する評価済保険という契約形態がとられている。海上保険は保険の目的が海上を移動しているので，損害発生の場所日時が特定できない場合があることや，保険契約期間が一航海の場合などは保険価額の変動を考慮しなくてよいことや，保険の目的が所有者の手の届かないところにあるのでモラルリスクが少ないことなどが評価済保険という形態がとられている理由とされている。

講義メモ

被保険利益……人が被保険物件について所持している金銭で見積もることができる経済的利害関係のこと。

保険価額……被保険利益の経済的価値で，発生する損害の最高見積額のこと。

保険金額……保険会社が支払う保険金の最高限度額のこと。
- 全部保険……保険価額＝保険金額（損害額を全額補償）
- 一部保険……保険価額＞保険金額（損害額が全額補償されない）
- 超過保険……保険価額＜保険金額（超過分は取り消せる）

比例填補……損害額に保険価額に対する保険金額の割合を乗じて保険金を算出するという方式。

$$損害額 \times \frac{保険金額}{保険価額} = 保険金$$

　なお，実務上では，保険価額を8割評価することで比例填補を緩和している。

$$損害額 \times \frac{保険金額}{保険価額 \times 0.8} = 保険金$$

未評価保険主義……保険価額は保険期間中に変動するので，契約締結時は見積価額とされ，偶然事故発生時に時価評価によって保険価額を決定するというもの。

価額協定保険特約……火災保険契約の際に，建物については再調達価額で，家財については再調達価額または時価額で評価し，支払われる保険金だけで原状回復を可能とするもの。

評価済保険……保険価額の変動を考慮しなくてよい海上保険の場合は，保険契約締結時に保険価額を評価決定するというもの。

9．損害の種類

　損害保険における保険金の支払は発生する損害の程度と密接な関係がある。損害の種類を整理すると，全損と分損とに大別される。全損とは保険価額がすべて喪失される場合であり，現実全損と推定全損とに分類される。現実全損には，被保険物件が完全に破壊されて実体が滅失した場合や，被保険物件が本来の性質を喪失した場合や，所有者が被保険物件を回収できなくなった場合などが含まれる。一方，推定全損には，修繕費が保険価額を超過してしまう経済的修繕不能や，被保険物件の行方不明などが含まれる。

　ところで，損害が全損と判定され保険金が全額支払われた場合に，残存物になお価値が残っていれば被保険者がその残存価値を取得することによって利得を得ることになる。このような場合，残存物について被保険者が有している権利は保険会社が取得できることになっている。これを残存物代位という。なお，保険代位にはいまひとつ請求権代位があり，これは被保険者が被害者になった場合に，加害者たる第三者からの損害賠償と保険会社からの保険金受取の二重の補償を受けることを避けるためのものである。請求権代位では被保険者が第三者に対して有する損害賠償請求権を保険会社が取得するが，これには被害者たる被保険者が保険会社から保険金を受け取ったことにより，加害者たる第三者が損害賠償義務を免れることがないようにという意図が含まれている。残存物代位も請求権代位

もその根底にあるものは利得禁止の原則である。

　全損に対して分損は保険価額が部分的に破壊される場合をさし，損害の程度に応じた補償を得ることになる。なお，海上保険には固有の分損があり，これを共同海損という。共同海損とは船舶または積荷が共同のリスクにさらされた場合におこなわれるもので，共同海損が成立するためには，共同のリスクが現実に迫っていること，リスクを避けるために異常の行為がおこなわれたこと，その行為は故意かつ合理的におこなわれたことが条件となっている。共同海損において生じた損害は，損害を免れた利害関係者の残存価値に比例して補償される。

　損害保険の引受リスクの中で特に偶然事故発生の際に生じる損害額が巨額にのぼるリスク（石油化学コンビナートの火災，タンカーの爆発，航空機の墜落，原子力発電所の爆発，地震，噴火，津波など）を引き受ける場合，損害保険会社は巨大リスクに備えるための対策を講じなければならない。巨大リスク対策としては，異常危険準備金の積立，共同保険・再保険の利用などがあげられる。異常危険準備金とは保険種目ごとに保険料の一定割合を積み立てておき，巨大リスク発生の際に通常の責任準備金だけでは不足を生じた場合に備えるものである。共同保険と再保険はいずれも複数の損害保険会社の間で巨大リスクを分散させる方法であるが，共同保険が巨大リスクを横に分散させる方法であるのに対して，再保険は巨大リスクを縦に分散させる方法である。

　共同保険とは，ひとつの巨大リスクに対して複数の損害保険会社が同時にその責任の一部ずつを引き受ける方法であり，通常，引受に際しては幹事会社を設け，各々の引受部分は別個独立の契約であ

り，連帯責任は負わないという特徴がある。一方，再保険とは，ある損害保険会社がいったん引き受けた巨大リスクの一部を，さらに他の損害保険会社に再び付保する方法である。最初に巨大リスクを引き受けた損害保険会社を元受保険者といい，再保険を引き受けた損害保険会社を再保険者という。再保険には個々の元受契約ごとに元受保険者と再保険者との間で引受条件や引受の可否を自由に決めることができる任意再保険と，元受保険者と再保険者との間であらかじめ引受条件や限度額などを取り決めておく特約再保険がある。再保険の引受に際しては，元受保険者から再保険者に保険料が支払われ，偶然事故発生の際には再保険者から元受保険者に保険金が支払われるというところから「保険者の保険」といわれている。再保険は一国内に留まらず世界的な再保険ネットワークが構築されている。

講義メモ

全損……保険価額の全部的喪失。

全損 ｛現実全損……実体の滅失・本来的性質の喪失・回収不能
推定全損……経済的修繕不能・行方不明

残存物代位……保険金が全額支払われた場合に残存物になお価値が残っていれば，残存物について被保険者が有している権利は保険会社が取得するというもの。

請求権代位……被保険者が被害者になった場合に，加害者たる第三者からの損害賠償と保険会社からの保険金受取の二重の補償を受けることを避けるため，被保険者が第三者に対して有する損害賠償請求権を保険会社

が取得するというもの。
分損……保険価額の部分的破壊。損害の程度に応じて補償。
共同海損……海上保険固有の分損。

巨大リスク対策 ┌ 異常危険準備金の積立
　　　　　　　 ├ 共同保険（巨大リスクの横分散）
　　　　　　　 └ 再保険（巨大リスクの縦分散）

10. 保険の販売チャネル

　伝統的な保険の販売チャネルは，損害保険は代理店，生命保険は営業職員である。損害保険と生命保険とで販売チャネルが異なる理由は，損害保険と生命保険に対するリスク認識の違いがあるからである。火災や自動車事故といった損害保険の対象となるリスクは認識しやすいので顧客の足が代理店に向くが，生命保険の対象となる死亡リスクは「縁起でもない出来事」としてリスクが潜在化しがちになる。そこで生命保険会社の方から顧客にアプローチする必要性が生じたことが，営業職員を必要とする理由である。すなわち，生命保険においては潜在化しているリスクを顕在化させる必要があるというわけである。さらに1996（平成8）年の保険業法改正時に保険ブローカーが導入された。保険ブローカーとは顧客からの依頼を受け，中立の立場で保険契約の仲介をなすもののことであり，代理店や営業職員とは異なり，特定の保険会社と利害関係を持たないた

めに，顧客の立場に立って保険商品を選択することができる。

　代理店，営業職員，保険ブローカーは顧客と直接向き合う販売チャネルであるが，最近ではこの人的要素を排除した新しい販売チャネルが広がりをみせている。DM・TVCM・新聞雑誌広告を見て顧客自らが申し込む方法や，インターネットのホームページから画面操作で申し込む方法などがそれである。このような新しい販売チャネルの狙いは人的要素を排除することによって人件費の削減をはかり，付加保険料の低廉化によって保険料の割安感に訴えることである。しかし，保険知識に乏しい顧客がカタログや数十秒のCMやインターネットの画面上の説明だけで商品内容を十分理解しうるかという点には不安が残るところである。

　また，1997（平成9）年の保険審議会で保険業の見直しが検討された際に，顧客の利便性に応えるために銀行窓販が認められ，2000（平成12）年から取扱商品が順次解禁されていった。銀行にとっては保険を窓口で販売することによる手数料収入の増大が，顧客にとってはワンストップショッピングによる利便性がそれぞれメリットとなる。しかし，保険という商品は銀行がこれまで扱ってきた金融商品とは異なり，説明に時間を要する商品であり，トラブルの多いリスク性商品であることも十分認識しておく必要がある。

　さらに，来店型保険ショップという新たな販売チャネルも登場している。来店型保険ショップはスーパー，ショッピングモール，商店街など人通りの多いところに出店している。来店型保険ショップの登場は，自分にあった保険を自ら選択したいという顧客ニーズに応えたものである。

　販売チャネルの多様化によって顧客の選択肢も広がってきたが，

保険の販売チャネルに共通する課題は，適切な情報提供による説明責任の重要性である。このことは人的要素を排除した販売チャネルにおいても同様である。保険期間，保険金の支払要件，保険金支払の免責条項，保険金額，保険料の金額，保険料の払込方法，払込保険料と満期保険金との関係，クーリングオフに関する事項など，契約時から保険期間終了に至るまでの，顧客の立場に立ったコンプライアンス（法令遵守）体制の確立こそ，今日の保険募集に不可欠な要素である。

　家計保険の領域においては，保険に精通している一部の人を除けば，ほとんどの顧客は自己責任で保険契約に臨むことは困難な場合が多い。顧客の意識としては，漠然とした不安に対する安心感を，家計所得における保険料負担の範囲内で得ているというのが正直なところではないかと思われる。顧客は事故発生時の保険給付だけではなく，生命保険においては人生設計の生涯のパートナーとしての役割，損害保険においては事故発生時の迅速な事故処理や精神的苦痛の緩和といった人的要素に期待している部分も少なからずあると思われる。その意味では，長期保険を基本とする生命保険では，新契約獲得時だけでなく，保障の見直しや継続的な顧客との接触が不可欠であり，損害保険においても，例えば，自動車保険における示談交渉サービスによって自動車事故の解決までに味わう多大な精神的苦痛が緩和されることによって，顧客との信頼関係が構築されるなど，保険契約締結後もいかにして顧客に満足感を与え，双方向のコミュニケーションを維持していくかが肝要である。

　近年，顧客満足度の向上が謳われる反面，保険会社に寄せられる苦情も後を絶たないといった現実もある。そのなかでも例年多い苦

情は，販売チャネル担当者の「説明不足」と「不適切な募集行為」である。無論，苦情に対しては適切な対応をしなければならない。対応を誤れば既存顧客のみならず潜在顧客まで失いかねない。「人の口に戸は立てられぬ」からである。逆に，適切な対応をすれば，かえって信頼感を得ることもあるので，苦情処理は大切である。

　ところで，顧客満足という場合，一般的には企業の外にいる顧客をさすが，企業の中にいる従業員を「内なる顧客」と捉えて，従業員満足度の向上に努める必要性も指摘されている。自分の仕事に対する誇りや自信，そして喜びがなければ顧客満足度を高めることはできないので，まずは販売チャネル担当者自身の仕事に対する満足度を高めていこうというものである。販売チャネル担当者の満足度を高めるためには，単なる報酬面だけではなく，魅力ある仕事の提供，企業内における上司や同僚との双方向のコミュニケーションによる共通の価値観の形成が必要である。

　今日の保険経営においては，新規契約者の獲得よりも既存顧客の契約継続率をいかに上げていくかが課題になっているが，これは保険市場そのものの縮小傾向から既存顧客との契約を継続させることで収益を高める必要性に駆られてのことである。そのためには顧客に対して期待以上の喜びや感動を与え，良好な関係を維持することが必要である。販売チャネル担当者の質の向上が謳われているのは，販売チャネル担当者の質の向上と顧客満足度の向上が比例関係にあると見てのことにほかならない。顧客は納得のいく補償（保障）を確保できたことによって満足感を得るが，そのためには販売チャネル担当者が保険商品に販売チャネル担当者の心を加えることで，保険商品の付加価値を高めなければならない。ひいてはそれが顧客満

足度の向上に繋がると共に，企業収益の拡大に繋がるからである。

> **講義メモ**
> 損害保険の販売チャネル……代理店中心。
> 生命保険の販売チャネル……営業職員中心。
> 中立の立場で保険契約の仲介をなす販売チャネル……保険ブローカー。
> 新しい販売チャネル……DM・TVCM・新聞雑誌広告・インターネット・銀行窓販・来店型保険ショップ。
> 販売チャネル担当者の質の向上 → 従業員満足度の向上 → 顧客満足度の向上 → 契約継続率の向上 → 企業収益の拡大。

11. 保険契約者の保護

　1997（平成9）年4月25日の日産生命の経営破綻に端を発し，その後，多くの保険会社が経営破綻したが，その主原因としてあげられるものが，いわゆる「逆ざや」問題である。生命保険会社においては保険料の算出基準の中にその要因が潜んでおり，また損害保険会社においても貯蓄性のある積立型損害保険のウエイトが大きいと逆ざや問題が派生する。生命保険は長期保険であるがゆえに純保険料計算の際に予定利率による割引がおこなわれているので，予定利率が資産運用の最低目標となる。損害保険においても積立型損害保

Ⅰ　保険の基礎理論

険の台頭により資産運用の必要性が拡大してきたことが背景となっている。

　生命保険においては予定利率は経営安定化のために予測より低めに設定される傾向があり，その結果として好景気期には実際利子が予定利子を大きく上回り，潤沢な利差益が生じていた。しかし，バブル崩壊後に実際利子が予定利子を下回ってしまい，ここに逆ざやが発生したわけである。例えば，予定利率４％とすると，純保険料（960）＋予定利子（40）＝保険金（1,000）という関係になるが，実際利子が３％しかなければ，純保険料（960）＋実際利子（30）＝保険金（990）となり，ここに逆ざや（10）が発生することになるのである。

　生命保険は長期保険であるので，好景気期に設定していた高予定利率が，バブル崩壊後は足かせになってしまったのである。予定利率は保証利回りとして固定化されていたので，逆ざやが発生し，保険金支払に支障をきたす事態になれば，保険会社は不足分を会社資産によって穴埋めせざるを得なくなり，この事態が長期化すると財政的に困難な状態となり破綻に至るのである。なお，保険会社の相次ぐ経営破綻を受けて，2003（平成15）年に破綻前の予定利率の引き下げを認める法案が可決された。

　保険会社が経営破綻した場合，保険契約は救済会社（他の保険会社）に引き継がれるか，救済会社が現れない場合は保険契約者保護機構に引き継がれることになる。保険契約者保護機構の補償限度は保険種目ごとに責任準備金の一定割合までとされている。例えば，保険金支払については，自賠責保険と家計地震保険は100％，自動車保険・火災保険は破綻後３ヶ月間は100％，３ヶ月経過後は80％

である。破綻会社を救済する条件としては，予定利率の引き下げと早期解約控除率が設定される。予定利率の引き下げは逆ざやを解消し救済会社の負担を軽減させることが目的であるが，そのために保険金が削減されることになる。一方，早期解約控除率の設定は会社資産の流出を防ぐことが目的であり，救済会社に契約移転後に早期解約すれば解約返戻金が削減されることになる。保険会社が経営破綻しても，保険契約者が保護されるセーフティネットは構築されているが，予定利率の引き下げや早期解約控除率の設定によって，保険契約者は少なからず不利益を被ることになる。

　したがって，保険契約に臨む際には健全な保険会社を選択する必要があるが，その目安になるものが，ソルベンシーマージン比率と格付け評価である。ソルベンシーマージン比率とは保険会社の支払余力を表す数値で，保険リスク・予定利率リスク・資産運用リスク・経営管理リスクを数値化したものを分母とし，自己資本相当額を分子として算出するものである。また，格付けは債務履行の確実性によって保険会社を評価するものである。ソルベンシーマージン比率も格付け評価も時系列的に観察する必要があり，数値や評価が年々下降している場合は，経営上何らかの問題が内包されているとみるべきである。

講義メモ

逆ざや……予定利子を実際利子が下回る状態。
保険契約者保護機構……保険会社が経営破綻した場合に救済会社が現れなかったときは，保険契約者保護機構が破綻会社の契約を引き継ぎ救済するという仕組み。

I　保険の基礎理論

予定利率の引き下げ……破綻会社を救済する際の条件として，逆ざや解消のためにおこなうもの。結果として保険金が削減される。
早期解約控除率の設定……救済会社の資産流出を防ぐために，一定期間，解約返戻金の削減をおこなうためのもの。
ソルベンシーマージン比率……保険会社の支払余力を表す健全性の指標。
格付け……債務履行の確実性によって保険会社を評価する指標。

12. 相 互 会 社

　保険事業の経営形態は個人保険・会社保険・組合保険・国営保険に分類されるが，相互会社は組合保険から派生し，会社保険に牽引されるかたちで発展してきた，保険業にのみ認められている独特の企業形態である。相互会社は保険業法に基づいて設立されるが，組合保険から派生した企業形態であることから，その法的性格は営利も公益も目的としない中間法人とされている。組合保険は本来組合員の相互扶助を目的としたものであるので，営利保険とは異なる性格と位置づけられているのである。相互会社の構成員は保険契約者たる社員であり，議決権も平等に一人一票与えられ，社員総会において構成員自治が貫徹されることになっている。しかし，今日の相互会社は大量の保険契約者を保有しており，その組織規模の拡大に

伴って社員総会は実質的に開催不可能となっている。そこで，これに代わる意思決定機関として社員総代会が設けられているのである。

相互会社を設立するにあたっては，基金拠出者から基金を募り，これをもって事業資金とするが，この基金は後に剰余金で償却されることになっている。したがって，相互会社の経営が軌道に乗り，基金が償却された後は，保険契約者たる社員のみを構成員とする企業形態が完成することになる。損益も保険契約者に帰属し，剰余金は保険契約者たる社員に配当されることになる。このように相互会社は株式会社とは異なる特徴をもった企業形態と捉えることができるが，その経営の実態となると，理念的な問題はともかくとして，株式会社とほとんど変わらないといわれている。

相互会社は組合保険から派生したことから，本来，組合員の無限責任と組合員による構成員自治を柱とする相互主義理念を特徴としてきた。しかし，今日の相互会社は支払保険料を限度とする有限責任となっており，社員総代会も経営陣主導で運営されている実態をみると，相互主義理念は形骸化しているといわざるをえない。相互会社が，相互会社本来の機能を有していたのは，組織規模の小さかった歴史的にはごく初期の段階に限られ，組織規模の拡大と共に組合保険としての特徴は希薄化し，実質的には株式会社とほとんど変わらないか，あるいは，株式会社以上に徹底した経営者支配の企業形態となっている。

保険契約に臨むにあたって，株式会社組織の保険会社を選択するか，相互会社形態の保険会社を選択するかによって，保険契約そのものの内容に大きな違いが生じることはないが，保険契約者としての企業形態上の位置づけは大きく異なっている。株式会社の場合は

保険契約者は企業形態の外に位置づけられているが，相互会社の場合は企業形態の中に位置づけられているのである。

さらに，相互会社はその出自からして資本家のいない会社ともいわれている。会社設立時には基金拠出者から拠出された事業資金が存在するが，基金拠出者には参政権が与えられておらず，拠出した基金も後に剰余金で償却されるので，基金が償却されれば基金拠出者と相互会社との関係は消滅するかのごとく見える。しかし，基金拠出者は自身が基金を拠出した相互会社と保険契約を締結すれば議決権を得ることができ，現に相互会社の初代経営陣には基金拠出者が収まっている場合が多い。相互会社の理念と現実の乖離のひとつの事例である。

ところで，相互会社は株式会社に比較すれば資金調達面で機動性に欠けるところがあるので，バブル崩壊後に保険会社の経営破綻が相次いだことを受けて，相互会社を株式会社に組織変更する動きが見られた。相互会社を株式会社化するにあたっては，保険契約者ひとりひとりの寄与分（＝会社に対する貢献度）を計算することによって株主の創造をおこなうという方法がとられる。相互会社を株式会社化するにあたっては，資金調達力の強化，持株会社を使った積極的な事業展開，コーポレートガバナンス機能の強化というメリットが謳われる反面，株主の創造に膨大な時間とコストがかかることや，利益分配の問題，企業買収の懸念といったデメリットも指摘されている。

> **講義メモ**
>
> | | 株式会社 | 相互会社 |
> |---|---|---|
> | 設立法規 | 会社法 | 保険業法 |
> | 法的性格 | 営利法人 | 中間法人 |
> | 構成員 | 株主 | 保険契約者（＝社員） |
> | 意思決定機関 | 株主総会 | 社員総（代）会 |
> | 議決権 | 一株一票 | 一人一票 |
> | 事業資金 | 資本金 | 基金（のちに償却） |
> | 損益の帰属 | 株主 | 保険契約者（＝社員） |
>
> 相互会社……組合保険から派生した企業形態。保険業にのみ認められている。
>
> 相互会社の株式会社化……寄与分計算による株主の創造をおこなう。

13. 簡易保険の民営化

　簡易保険の歴史はイギリスのプルデンシャル（Prudential）社が1854年に販売を開始したIndustrial Life Assuranceにその歴史は遡る。Industrial Life Assurance 誕生の契機となったのは，当時のイギリスの賃金労働者の保障問題であった。経済的に貧しく健康状態も悪い彼らは保険料の負担能力が乏しい反面，死亡率は高いために，

I　保険の基礎理論

一般の生命保険では採算が合わないことから対象外とされていた。そこで，低廉な保険料で提供できる小口の生命保険が必要とされたのである。Industrial Life Assuranceは直訳すれば労働者生命保険といいうるものであるが，そこには明確な階級が示されていた。

　わが国の簡易保険は1916（大正5）年に国営保険として創設された。創設の背景は民間生保の対象にならない低所得者層への保障問題であったが，イギリスの場合と異なり，階級は明示されず，加入手続が容易であるという労働者生命保険の一側面から「簡易保険」という名称になったのである。国営保険という形態がとられたのは，低廉な保険料で安全な経営基盤のうえで保険を提供する必要があったためである。国営保険であれば，基礎は強固であり，非営利であることから保険料の低廉化も可能であり，また販売チャネルとして郵便局を利用することで，コストをかけずに全国規模の販売網を確保することができたのである。このように，わが国の簡易保険は民間生命保険の対象にならない低所得者層を対象とした，小口・無審査保険として始まったのである。

　簡易保険の創設にあたり民間生命保険業界からは民業圧迫ではないかとの懸念が示されたが，簡易保険は民間生命保険の対象にならない低所得者層を対象とするものであるから，むしろ民業補完であり，民間生命保険と競争するものではないとの説明が国会答弁でなされ創設に至った経緯がある。しかし，ここで低所得者層という曖昧な範疇を対象としたことが，後に民間生命保険との競合を生むことになるのである。

　簡易保険は創設後，度重なる加入限度額の引き上げと取扱商品の拡大によって，事実上，民間生命保険と競合関係になっていった。

43

民間生命保険からは民業補完の逸脱との主張がなされたのに対し，簡易保険からは消費者ニーズの反映であるとの反論がなされ，議論のかみ合わない水掛け論争が長く続いた。このような状況の下で，簡易保険を国営保険として存続させることの是非が問われるようになり，簡易保険の民営化を含む郵政事業の民営化が議論されることとなった。

　2003（平成15）年の日本郵政公社の設立が民営化の第一歩となったが，その実態は国営時代とほとんど変わらず，2005（平成17）年の郵政民営化法の成立をもって民営化が本格的にすすみ，2007（平成19）年10月1日に日本郵政株式会社と4つの事業会社（郵便事業株式会社・郵便局株式会社・株式会社ゆうちょ銀行・株式会社かんぽ生命保険）に分社化して民営化が実現した。なお，民営化以降は新たな簡易保険の取り扱いはおこなわないとされたので，簡易保険の新規加入はできなくなった。その後，郵政民営化法が一部改正され，2012（平成24）年10月1日から郵便事業株式会社と郵便局株式会社が統合され，日本郵便株式会社として再編された。

講義メモ

わが国の簡易保険……郵便局を販売チャネルとした小口・無審査の国営保険として誕生。

簡易保険の民営化……国営事業としての簡易保険の民業圧迫が背景。

民営化のながれ……日本郵政公社設立（2003年）〜郵政民営化法成立（2005年）〜郵政事業民営化開始（2007年）〜郵政民営化法一部改正（2012年）。

14. 共済の理念と現状

　共済は協同組合を母体とする補償（保障）事業で、組合保険に属するものである。共済の特徴を一般的に定義すれば、他の主たる事業の遂行に関連して付随的意義を有するもので、限定的な加入者間における相互扶助を目的とするものである。保険といわずに共済と称しているのは、保険業法で認められている保険事業を営むことができる企業形態が株式会社か相互会社に限られているために、保険という言葉を使うことができないからである。わが国の代表的な共済事業としては、JA共済・全労済・県民共済・CO−OP共済などをあげることができる。

　わが国で最も積極的に共済事業を展開しているJA共済は、1947（昭和22）年に農業協同組合法により法制化されたものであるが、その本来的な目的は民間保険会社の補償（保障）にあずかれない農家の諸リスクを協同組合によって補償（保障）するところにあった。当初、共済事業は同法において「農業上の災害又はその他の災害の共済に関する施設」と定義されていたが、1954（昭和29）年に共済事業の定義から「災害」の文言がはずれて「共済に関する施設」となったことで生命共済も取り扱えるようになったのである。JA共済の特徴としては再保険（再共済）組織であることや生損保兼営事業であることがあげられる。また、JA共済の提供している補償（保障）内容は、民間保険会社が提供しているそれとほぼ同様の機能を

有している。

　JA共済は，その本来的な趣旨からすれば，原則として各種共済種目を利用できるのはJAの組合員とその家族だけである。しかし，現状では，各種共済種目ごとに2割を限度として非組合員の利用が認められている。また，出資金を拠出して准組合員の資格を得れば，誰でも利用できるようになっており，実質的には民間保険会社と同様に不特定多数を対象とした補償（保障）事業といえる。

　なお，ここにあげた各種共済事業は農業協同組合法や消費生活協同組合法といった法的根拠に基づいて経営されているものであるが，かねてより消費者保護上の問題が指摘されていた根拠法のない共済，いわゆる無認可共済を保険業法上の保険業に含め，規制の対象とする保険業法の改正が2006（平成18）年4月1日より施行された。従来，保険業法上において定義されていた保険業とは，不特定多数を対象とするものであったので，特定者を対象とする保険事業は保険業法の適用除外であった。

　今回問題となったのは，特定者を対象にしているような形式をとりながら，実質的には構成員の関係が希薄であり，構成員自治による規律がおこなわれているとは言い難い共済である。万一そのような共済が破綻した場合に，掛け金が保証されないことを構成員の自己責任とすることは不適切であるというのが，今回の保険業法の改正の背景であり，少額短期保険業者制度を創設することによって，特定者を対象として保険事業をおこなうものも保険業法の規制対象とすることにしたものである。これにより，無認可共済は保険業法上の特定保険業者と定義され，2008（平成20）年3月までに，少額短期保険業者として登録して事業を存続させるか，保険会社として

免許を取得して事業を存続させるかの選択がおこなわれた。

> **講義メモ**
> 共済……協同組合を母体とした保障事業。
> JA共済……本来利用できるのはJAの組合員とその家族だけであるが，現状では，各種共済種目ごとに2割を限度として非組合員の利用が認められており，また，出資金を拠出して准組合員の資格を得れば，誰でも利用できる。
> 少額短期保険業者制度……特定者を対象として保険事業をおこなうものも保険業法の規制対象とすることにしたもの。

15. 社会保険

　社会保険は，生活の保障・生活の安定，個人の自立支援，家庭機能の支援を目的とした社会保障制度のひとつであり，対象者全員を強制加入とし，財源も原則として加入者の負担とするものである。わが国の社会保障制度は，社会保険（医療保険・労働者災害補償保険・雇用保険・介護保険・年金保険），社会福祉（養護老人ホーム・高齢者生活支援・老人クラブ活動・介護サービス利用者支援・児童手当の支給・保育所運営など），公的扶助（生活扶助・住宅扶助・教育扶助・医療扶助・出産扶助・葬祭扶助・生業扶助），公衆衛生及び医療（結核予防・感染症対策・上下水道整備・廃棄物処理）の4つの分野から成り立っている。

医療保険は職業によって，国民健康保険（自営業・農業など）・健康保険（会社員）・共済組合（公務員・教員など）・船員保険（船員）といったような制度に分けられる。医療費の自己負担は原則3割であり，おもな給付内容は療養給付・傷病手当金・出産手当金・出産育児一時金であるが，制度によって給付範囲は異なっている。1ヶ月の医療費が一定額を超えた場合は，その超えた額が現金給付される高額療養費制度もある。さらに，75歳以上の人，65歳以上〜75歳未満で寝たきり等の一定の障害のある人には，後期高齢者医療制度があり，医療費の自己負担は原則1割となる。

　労働者災害補償保険は，勤務中または通勤途中の病気・傷害・障害・死亡に対して，療養補償・休業補償・傷病補償・障害補償・遺族補償をおこなうものである。雇用保険は，失業した場合に次の仕事が見つかるまでの生活の安定をはかる求職者給付，育児や介護のために働くことが困難な場合の支援をする雇用継続給付，雇用の安定と再就職のための教育訓練を支援する教育訓練給付から成り立っている。

　介護保険は40歳以上の人を対象とし，65歳以上の人を第1号被保険者，40歳以上65歳未満の人を第2号被保険者としている。第1号被保険者は原因を問わず要介護状態になった場合は，要介護認定を受けることによって，介護保険のサービスを受けることができるが，第2号被保険者は老化に起因する疾患によって要介護状態になった場合に限って，サービスを受けることができる。介護保険のサービスを受けるための自己負担額は利用料の1割である。

　年金保険は，全国民を対象としている国民年金（基礎年金）に，会社員，公務員や私立学校教職員を対象とした厚生年金が上乗せさ

Ⅰ　保険の基礎理論

れるという，2階建ての構造になっている。さらに，病気や傷害で障害が残った場合は障害年金が，死亡した場合には遺族年金が支払われる。

　社会保険も保険であるので，その技術的仕組みに確率論の応用があることなどは民間保険会社と同様であるが，保険料の徴収方法に大きな違いがある。これは社会保険が民間保険会社とは異なる理念の上に成り立っていることに由来している。民間保険会社においてはリスクの大きさに見合う保険料が徴収されているが，これは合理的な根拠に基づく保険料の算出という意味で，民間保険会社における保険料負担の公平性を示している。すなわち，リスクが大きければ保険料は高くなり，リスクが小さければ保険料は安くなるというものである。したがって，民間保険会社の場合はリスクが著しく大きく保険料負担に耐えられない場合は，保険の利用を諦めざるを得なくなるのである。

　これに対して，社会保険の場合は広く国民全体を対象にしているので，すべての国民に適切な保障機会を提供することが目的である。したがって，保険料支払能力の乏しい者からは，支払能力の範囲内での保険料徴収となる。このように，社会保険の場合は必ずしもリスクの大きさに見合った保険料が徴収されているわけではないので，社会保険の収支全体を考えた場合は財源不足が生じることになる。そこで，不足分は高所得者が補うことになるのである。すなわち，社会保険の保険料はリスクの大きさではなく，所得の大きさに比例しているのである。

　民間保険会社の場合は，自分が保有しているリスクの大きさに見合う保険料を負担しているという意味で，支払っている保険料の金

額についても納得しうるものであるが，社会保険の場合は自分が支払っている保険料の金額とリスクの大きさに合理的な関係が見出せないので，保有しているリスクは小さいのに，保険料は高額になる場合も生じるのである。あるいは，公的年金制度に見られるように，生産年齢人口が年金財源を負担し，同世代の老齢人口がそれを年金として受け取るといった世代間扶養の場合，自分が現役時代に負担した金額と定年退職後に受け取る年金とのバランスが釣り合わない場合もありうる。

　ここに社会保険を強制加入にせざるを得ない理由が存在している。もしも，社会保険を任意加入にした場合，リスクは大きいが保険料負担能力は乏しいグループは，保険料負担が少額ですむために社会保険に加入するであろうが，リスクは小さいのに高所得者であるがゆえに保険料負担が高額になるグループは社会保険から離脱するであろう。そうなれば，社会保険はたちまち財政難に陥ってしまう。この逆選択を防止するために，社会保険は強制加入というかたちがとられているのである。

講義メモ

社会保障制度……社会保険・社会福祉・公的扶助・公衆衛生及び医療。

社会保険……医療保険・労働者災害補償保険・雇用保険・介護保険・年金保険。

社会保険の保険料……リスクの大きさではなく所得の大きさに比例。

Ⅱ 損害保険各論

Ⅱ　損害保険各論

1．海上保険

　海上保険は14世紀末にはその原初形態が完成した，もっとも歴史の古い企業保険であり，海上リスクによる偶然事故から財産損害を補償してきたが，今日の海上保険は財産損害のみならず海上リスクによってもたらされる船舶および積荷の損害を幅広く補償している。ここでいう海上リスクとは，沈没，転覆，座礁，座州，火災，衝突である。海上保険は船舶保険と貨物海上保険に分類され，貨物海上保険はさらに外航貨物海上保険と内航貨物海上保険に分類される。

　船舶保険はあらゆる船舶を保険の目的とし，船舶が海上リスクによって被った損害を補償するものである。補償の内容は，全損，修繕費，共同海損分担額，衝突損害賠償金，損害防止費用である。全損は現実全損と推定全損に分類される。修繕費は船舶が沈没・座礁・座州・火災・衝突その他の偶然事故によって被った損害を原状回復するために必要な費用である。共同海損分担額は共同の海上リスクから船舶・積荷を救うために支出された費用や損害の利害関係者各自の分担額である。衝突損害賠償金は船舶が他の船舶と衝突したことによって他船ならびに他船の積荷や財物に損害を与えた際の法律上の損害賠償金である。損害防止費用は偶然事故発生時に損害の防止・軽減のために必要とした費用である。船舶保険の補償範囲は，上記損害の組み合わせによる，第1種から第6種までの特別保険約款によって分類される。

第1種は全損のみ補償される。第2種は全損に加えて全損を防止するための損害防止費用が補償される（衝突損害賠償金を補償する条件もある）。第3種は全損，共同海損行為によって被保険船舶が被った損傷の修繕費，共同海損分担額，衝突損害賠償金および損害防止費用が補償される。第4種は第3種の補償に加えて，6大重要リスク（沈没，転覆，座礁，座州，火災，衝突）によって被った損傷の修繕費であらかじめ契約当事者間で定めた保険価額の一定割合を超える部分が補償される。第5種は第3種の補償に加えて，6大重要リスクによって被った損傷の修繕費が全額補償される。第6種は第5種の補償に加えて，爆発，地震・津波・噴火または落雷，荒天，主機・補機その他の機器の事故，船体に存在する欠陥による事故，積荷などの積込み・荷卸しまたは積替え中にこれらの作業によって生じた事故，船長または乗組員の故意・過失，修繕者または用船者の過失が補償される。このなかで一般的に利用されているものは，第2種，第5種，第6種である。

　貨物海上保険は海上輸送される商品その他の貨物が海上リスクによって被った損害を補償する保険である。外航貨物海上保険は，国際間で輸送される貨物が保険の目的である。主な補償範囲は，火災・爆発，船舶または艀の沈没・転覆・座礁・座州，陸上輸送用具の転覆・脱線・衝突，船舶または艀への積込み・荷卸中の一梱包ごとの全損，輸送用具・補完場所への水の侵入，地震・噴火・雷，雨・雪等による濡れ，破損・まがり損・へこみ損・擦損・かぎ損，盗難・抜荷・不着，外的要因による漏出・不足，共同海損・救助料，投荷，波ざらいなどである。補償内容は協会貨物約款（Institute Cargo Clauses）に基づき，上記損害の組み合わせによって，3つの

基本条件に分類される。ICC（A）はオールリスク担保，ICC（B）は雨・雪等による濡れ，破損・まがり損・へこみ損・擦損・かぎ損，盗難・抜荷・不着，外的要因による漏出・不足などは不担保，ICC（C）は火災・爆発，船舶または艀の沈没・転覆・座礁・座州，陸上輸送用具の転覆・脱線・衝突，共同海損・救助料，投荷などを担保となる。

　一方，内航貨物海上保険は日本国内を輸送される貨物が保険の目的である。輸送に際して，海から陸または海から陸さらに空といった連帯輸送がおこなわれる場合は内航貨物海上保険に陸路や空路も含まれる。補償範囲は，あらゆる損害を補償するオールリスク担保と，火災・爆発，船舶の沈没・転覆・座礁・座州，陸上輸送用具の転覆・脱線・衝突，航空機の墜落・不時着，共同海損などの特定危険担保の2条件に分類される。いずれの条件でも，損害防止費用，救助料，継搬費用，共同海損分担額などの費用損害は補償される。

　保険期間は船舶保険も貨物保険も，一航海，数航海，往復航海といった航海によって定められる航海保険（voyage policy）と，特定の期間により定められる期間保険（time policy）とに分類される。期間保険は1年契約が一般的であるが，1年未満の短期契約も可能である。

> **講義メモ**
>
> 海上保険 ┬ 船舶保険（あらゆる船舶が保険の目的）
> 　　　　└ 貨物海上保険 ┬ 外航貨物海上保険（国際間で輸送される
> 　　　　　　　　　　　　　　　　　　　　　　貨物が保険の目的）
> 　　　　　　　　　　　└ 内航貨物海上保険（日本国内を輸送され
> 　　　　　　　　　　　　　　　　　　　　　　る貨物が保険の目的）
>
> 海上リスク……沈没，転覆，座礁，座州，火災，衝突。
> 損害の種類……全損，修繕費，共同海損分担額，衝突損害賠償
> 　　　　　　　金，損害防止費用。

2．火災保険

　今日の火災保険は，火災等による直接損害に加えて，間接損害としての費用損害も補償される。契約に際しては対象となる物件によって異なる料率が用いられており，物件の種類は住宅物件・一般物件・工場物件・倉庫物件に分類される。企業向け火災保険では建物・設備・什器・備品・商品・製品が，家計向け火災保険では建物・家財が保険の目的となる。火災保険は保険の目的と補償範囲から，住宅火災保険・普通火災保険・住宅総合保険・店舗総合保険といった商品に分類されるが，ここでは住宅総合保険を例にあげて補償内容を概観することにする。

　まず直接損害については，火災（失火・もらい火・消火活動による

水濡れも含む），落雷（落雷による屋根の破損など），破裂・爆発（ガス漏れ・爆風によるガラス破損など），風災・ひょう災・雪災（保険金支払に一定条件がつく），建物外部からの物体の落下・飛来・衝突・倒壊（建築資材の落下・飛行機の墜落・自動車の衝突・壁の倒壊など），水濡れ（配水管の破損など），騒擾・労働争議などによる暴行・破壊（デモ隊と機動隊の衝突による家屋の破損など），盗難（泥棒侵入時の窓ガラス破損や家財・現金の盗難被害），水害（洪水による床上浸水など），持ち出し家財の損害（一時的に持ち出した家財が自宅以外の建物内で被った損害）が補償される。

　一方，間接損害については，臨時費用（火災の際の臨時の出費），残存物取片付費用（残存物の取片付け・清掃費用），失火見舞費用（他人の所有物を滅失・毀損・汚損した場合），傷害費用（火災の際に本人または家族が傷害を負い死亡・後遺障害・重体となった場合），地震火災費用（地震火災による費用損害として火災保険の保険金額の5％，上限300万円が支払われる），損害防止費用（避雷針の取替費用や消火剤の詰替費用など）が補償される。

　わが国には失火の責任に関する法律（明治32年制定）があるので，隣家の火災が燃え移っても，重過失以外は隣家から賠償金を取ることはできない。この法律はわが国の住宅事情を反映させたものである。わが国は木造住宅が主であるので，一旦火災が発生すると容易に近隣に類焼してしまう。火元にとっては自宅を失った上に近隣に対して膨大な賠償金を負担しなければならなくなるが，現実的には一個人の資力では困難である。したがって，重過失以外は責任を問わないことにしたのである。重過失とは，ほとんど故意に近いか，著しく注意を欠いた状態（例えば，天ぷら油をコンロにかけたままその

場を長時間離れるなど）であり，重過失と認定された場合は賠償責任が生じる。ただし，この場合は火災保険ではなく賠償責任保険の範疇となる。このような状況にあるので自分の家は自分の火災保険で守らなければならない。

　なお，住宅ローン借入時に締結する火災保険には，保険金請求権に金融機関が質権を設定しているので，住宅ローンの返済途中で火災が発生した場合は，支払われる保険金は金融機関へのローン返済に優先され，残額が被保険者に支払われることとなる。

講義メモ

火災保険……建物・設備・什器・備品・商品・製品・家財が被る損害（直接損害）と，直接損害に伴う費用損害（間接損害）を補償。

火災保険の種類……住宅火災保険・普通火災保険・住宅総合保険・店舗総合保険など。

失火の責任に関する法律……隣家の火災が燃え移っても重過失以外は隣家から賠償金を取ることはできない。

3．地震保険

　火災保険普通保険約款においては，地震・噴火・津波を原因とする建物・家財の損害については免責となっている。その理由として，大数の法則が適用できない，損害額が巨額にのぼる，逆選択の

おそれがあるという3つの点が指摘されている。地震・噴火・津波といった天変地異のたぐいは，その発生サイクルが極めて長期にわたるので，通常の火災や自動車事故のように確率を把握することが困難である。確率が把握できなければ保険制度に乗せることができないということである。次に，地震・噴火・津波といった災害は一般的に巨額の損失をもたらすので，民間企業としての損害保険会社には支払能力に限界が生じるということである。さらに，地震・噴火・津波は発生する場所が偏っているので逆選択のおそれがあり，災害に遭いそうな人ばかりが加入するとリスクが集積して巨額の保険金支払を余儀なくされるおそれがあるということである。

　以上の理由から，地震保険の必要性が謳われてはいたものの，なかなか商品化することができなかったわけである。地震保険誕生の契機となったのは，1964（昭和39）年の新潟地震であった。当時，衆議院大蔵委員会で保険業法の一部改正案が審議中であったが，この時の大蔵大臣が新潟県出身者であったことも影響して，地震保険創設の付帯決議がおこなわれた。これを受けて損害保険業界は慎重審議の上，1966（昭和41）年に家計向け地震保険を創設した。

　地震保険の創設にあたって，先の3つの問題はどのように解決されたかというと，まず，大数の法則が適用できないという点については，過去500年の記録を基に保険料を算出するという方法がとられた。次に，損害額が巨額にのぼるという点については，地震保険に関する法律に基づいて設立された日本地震再保険株式会社と政府が再保険を引き受けることで，巨額の保険金支払を可能とした。最後の逆選択の問題については，創設当初の地震保険は住宅総合保険・店舗総合保険に自動付帯とされ，全損のみ補償するということ

にしてリスクの分散をはかった。

　しかし，この自動付帯方式は地震保険を必要としない地域の人々の不評を買い，また全損のみ補償するという方式も，1978（昭和53）年に発生した宮城県沖地震の被害の大部分が分損であったために，多くの被災者が補償されなかったことで批判が高まった。そこで，1980（昭和55）年に地震保険制度の改正がおこなわれ，家計火災保険への原則自動付帯となり，半損も補償されるようになった。原則自動付帯とは，火災保険契約者が地震保険の契約を希望しない場合は，申込書の地震保険確認欄に地震保険の契約を希望しない旨の確認印を取り付けることで，地震保険をはずすことができるというものである。したがって，確認欄に押印しなければ，地震保険は火災保険に自動的に付帯されるということである。

　地震保険制度の改正はその後も続き，1991（平成3）年の改正では一部損も保険金の支払対象となった。さらに，1995（平成7）年の阪神淡路大震災を契機とした1996（平成8）年の改正では中途付帯も可能となった。現行の地震保険制度は，保険金額は主契約の火災保険の保険金額の30％〜50％の範囲で付帯され，地震保険の保険金額に対して全損の場合100％，半損の場合50％，一部損の場合5％の保険金が支払われる。ただし，保険金額の上限は建物5,000万円まで，家財1,000万円までである。

　地震保険の目的は，地震保険に関する法律の第1条にあるように，「地震等による被災者の生活の安定に寄与すること」である。すなわち，その目的は建物の再建ではなく生活保障なのである。地震保険は火災保険に付帯するかたちをとり，単独契約はできないので，火災保険の加入率が伸びなければ，地震保険の加入率も伸びないと

Ⅱ　損害保険各論

いう事情はあるものの，2011（平成23）年の東日本大震災を経験した後も，その加入率は30％に満たない状況であった。地震保険の加入率が伸びない理由については，地震災害に対する認知度の低さ（自分の住んでいるところでは地震は起きないだろうという認識）と，地震保険を付帯することによる保険料の割高感が指摘されている。このような地震保険の加入率の低さを反映したものが，火災保険における地震火災費用保険金の存在である。

講義メモ

火災保険普通保険約款……地震・噴火・津波を原因とする建物・家財の損害については免責。

地震免責の理由 ｛ 大数法則が適用できない。
　　　　　　　　損害額が巨額にのぼる。
　　　　　　　　逆選択のおそれがある。

家計地震保険の誕生……1964年の新潟地震が契機。

家計地震保険の制度変遷……自動付帯・全損のみ補償（1966年・創設時）〜原則自動付帯・半損も補償（1980年）〜一部損も補償（1991年）〜中途付帯を可能とする（1996年）。

契約方法……火災保険の保険金額の30％〜50％の範囲で契約。ただし，保険金額の上限は建物5,000万円・家財1,000万円まで。

保険金の支払……全損の場合100％，半損の場合50％，一部損の場合5％。

4. 自動車損害賠償責任保険

　わが国の自動車保険は自動車損害賠償責任保険（以下，自賠責保険と称す）と任意の自動車保険の2本立てであるが，先に誕生したのは任意の自動車保険で1914（大正3）年のことであった。モータリゼーションの進展を背景とした自動車事故の急増を受けて，1955（昭和30）年に自動車損害賠償保障法（以下，自賠法と称す）が公布された。自賠法の目的は，その第1条にあるように，自動車の運行によって人の生命または身体が害された場合における損害賠償を補償する制度を確立することにより，被害者の保護を図り，あわせて自動車運行の健全な発展に資することである。自賠法の発布を受けて自賠責保険が創設されたが，自賠責保険の特徴としては，無過失責任主義の導入，強制保険化，ノーロス・ノープロフィットの原則，一律の保険料負担をあげることができる。

　無過失責任主義の導入によって被害者は事故発生の事実のみを訴えればよくなり賠償請求の困難さが緩和され，また公道を走る全ての自動車・バイクに強制保険としたことによって確実な被害者救済と加害者の賠償資力が確保された。自賠責保険は被害者救済を第一義的な目的とした社会政策的な色彩の強い保険であるので，保険料の算出にあたっては営利の介入を認めないノーロス・ノープロフィットを原則とし，すべてのドライバーが負担可能な料率にするためにリスクの大小に関わりなく一律の保険料負担となっている。

II 損害保険各論

その結果として，グッドリスクドライバーが本来バッドリスクドライバーが負担すべき保険料の一部を肩代わりしていることになる。

自賠責保険は他人に対する人身事故を補償する対人賠償保険であり，物損や自損事故は対象にならない。保険金額は死亡3,000万円，後遺障害4,000万円，傷害120万円をそれぞれ上限とし，一度の事故で複数の被害者が出た場合は各々の被害者に対してこの限度額が支払われ，保険期間中は何度事故を起こしても保険金額は減額されない。

なお，無保険車による事故やひき逃げにより加害車両が特定できない場合は，自賠法第71条に基づき政府がおこなっている自動車損害賠償保障事業（以下，政府の保障事業と称す）から自賠責保険に準じた補償を受けることができる。無保険車やひき逃げによる事故を放置すれば，被害者救済を第一義とする自賠法の趣旨が貫徹されないからである。政府の保障事業による補償は保険会社または農協で請求できる。

講義メモ

自賠法の目的……被害者の保護を図り，あわせて自動車運行の健全な発展に資することが目的。

自賠責保険の特徴……無過失責任主義の導入，強制保険化，ノーロス・ノープロフィットの原則，一律の保険料負担。

自賠責保険の補償範囲……他人に対する人身事故を補償する対人賠償保険。

自賠責保険の保険金の種類……死亡保険金（3,000万円上限）・後遺障害保険金（4,000万円上限）・傷害保険金（120万円上限）。
　政府の保障事業……無保険車やひき逃げによる事故について自賠責保険に準じた補償を提供。

5．任意の自動車保険

　自賠責保険は強制加入の保険なので全ての自動車・バイクには保険がかかっているのに，なぜもうひとつ任意の自動車保険に加入する必要があるのか。理由のひとつは保険金額の問題であり，いまひとつは補償範囲の問題である。保険金額の問題とは，今日，億を超える賠償金額の高額化から，自賠責保険の保険金だけでは高額の賠償金支払には不十分ということである。一方，補償範囲の問題とは，自賠責保険は他人に対する人身事故のみを補償する保険なので，多様な事故形態には対応できないということである。

　任意の自動車保険の基本的な補償内容は，対人賠償保険（自賠責保険の不足分を補償），対物賠償保険（修繕費・休業損害の補償），自損事故保険（単独事故・自分の過失が100％の事故の補償），搭乗者傷害保険（正規の乗車用構造装置のある場所に搭乗中の傷害の補償），無保険車傷害保険（加害者が無保険か保険金額が不十分な場合・当て逃げにより加害車両が特定できない場合の傷害の補償），人身傷害補償保険（過失

割合に関わりなく保険金額の範囲内で全額補償），車両保険（被保険自動車ならびにその付属品の損害の補償）であり，これらの補償を組み合わせて契約する。

このなかで人身傷害補償保険は，従来の自動車事故の考え方が過失割合に応じた保険金負担であったのに対して，保険金額の範囲内であれば全額補償が受けられるところに特徴がある。例えば，従来の考え方では，過失割合がA：B＝2：8のときにAからBに対して治療代を50万円請求した場合，BからAに対して支払われる保険金は40万円ということになり，残りの10万円は自己負担となるが，人身傷害補償保険を契約しておけば不足分の10万円が自分が契約している人身傷害補償保険から支払われ，自己負担することなく治療代を全額受け取ることができる。

また，リスクを細かく分析することで従来の自動車保険よりも保険料の格差を大きくして，グッドリスクドライバーの保険料を割安にするというリスク細分型自動車保険がある。リスク細分型自動車保険は保険料算出の項目を，年齢・性別・運転歴・使用目的・使用類型・地域・車種・安全装置・複数所有といった項目に細分化するものであるが，保険料が割安になるのはグッドリスクドライバーだけであって，逆にバッドリスクドライバーにとっては従来型よりも割高になってしまう。

さらに自動車保険には，運転者家族限定特約・弁護士費用特約・代車費用特約・レンタカー費用特約・ロードアシスタンス特約・他車運転危険特約・車両新価特約・車両積載動産特約・ファミリーバイク特約・個人賠償責任特約など，様々な特約があるので，これらの特約を組み合わせることで補償を充実させることができる。

任意の自動車保険では等級別料率制度が用いられており，前年度の事故の有無が次年度の保険料に反映される仕組みである。したがって，安全運転を続ければ保険料は割引されるが，事故を起こした場合は翌年保険料は割増となる。契約に際しては年齢条件が設定されており，全年齢担保・21歳未満不担保・26歳未満不担保・30歳未満不担保・35歳未満不担保といった運転者年齢によって保険集団を区分している。

講義メモ

任意の自動車保険の必要性
- 保険金額の問題……自賠責保険には保険金に支払上限があり，賠償金額の高額化に対応できない。
- 補償範囲の問題……自賠責保険の対象外の多様な事故への備え。

任意の自動車保険の種類……対人賠償保険・対物賠償保険・自損事故保険・搭乗者傷害保険・無保険車傷害保険・人身傷害補償保険・車両保険。

人身傷害補償保険……過失割合に関わりなく保険金額の範囲内で損害額の全額を補償。

リスク細分型自動車保険……リスクを細分化することで従来型の自動車保険よりも保険料の格差を大きくして，グッドリスクドライバーの保険料を割安にするもの。

等級別料率制度……前年度の事故の有無が次年度の保険料に反映される仕組み。

> 年齢条件……全年齢担保・21歳未満不担保・26歳未満不担保・30歳未満不担保・35歳未満不担保。

6. 傷害保険

　傷害保険は被保険者が「急激かつ偶然な外来の事故」によって身体に傷害を被り，その直接の結果としての死亡・後遺障害・入院・通院を補償の対象とするものである。急激とは，傷害の原因となった偶然事故とその結果としての傷害までの間に時間的間隔がないこと，すなわち突発事故であることを意味する。次に偶然とは，原因または結果あるいは原因・結果ともが被保険者にとって予期できない状況にあることを意味する。さらに外来とは，傷害を受ける原因となったものが被保険者の身体に内在するものではなく，外部からの作用によるものであることを意味する。例えば，脳卒中を起こして転倒した際に傷害を被ったような場合は，その原因が身体に内在するために補償されないことになる。

　傷害保険から支払われる保険金の種類は，死亡保険金（傷害の直接の結果として死亡した場合），後遺障害保険金（傷害の直接の結果として後遺障害が生じた場合），入院保険金（日額×日数），通院保険金（日額×日数），手術保険金（手術の種類によって入院日額の10倍・20倍・40倍）を基本とする。なお，海外旅行傷害保険における治療費用保険金は海外旅行期間中に医師の治療を受けた際に治療のために

支出した費用の実費が支払われる。

　傷害保険は疾病を補償の対象から除外しているが，実務上では傷害と疾病が連続して発生した場合は，因果関係の有無をもって保険金の支払対象とするか否かを判断している。例えば，犬にかまれて狂犬病で死亡した場合は死因は病死であるが，傷害と疾病の間に因果関係が認められるので傷害保険の死亡保険金の支払対象になる。一方，自動車事故の傷害を治療するために入院した病院で肺炎にかかって死亡した場合は，傷害と疾病の間に因果関係が認められないので，傷害保険からは死亡保険金は支払われない。ただし，傷害の治療のための入院保険金は支払われる。

　傷害保険の基本料率は被保険者の職業・職種の傷害リスクの高低により，傷害リスクの低い職業級別A級（事務従事者・販売従事者など）と，傷害リスクの高い職業級別B級（採鉱作業者・建設作業者など）に分類される。なお，被保険者の職業・職種がより傷害リスクの大きいもの（テストドライバー・オートバイ競争選手など）である場合は特別危険料率が適用される。

講　義　メ　モ

傷害保険の保険金支払条件……急激かつ偶然な外来の事故。
保険金の種類……死亡保険金・後遺障害保険金・入院保険金・
　　　　　　　　通院保険金・手術保険金・治療費用保険金
　　　　　　　　（海外旅行傷害保険）。
傷害と疾病が連続して発生した場合の保険金支払の条件は因果関係の有無。

7. 賠償責任保険

　賠償責任保険は，その対象とするリスクによって，企業向け賠償責任保険（施設所有管理者賠償責任保険・昇降機賠償責任保険・生産物賠償責任保険・油濁賠償責任保険・環境汚染賠償責任保険など），職業人向け賠償責任保険（医師賠償責任保険・薬剤師賠償責任保険・弁護士賠償責任保険・公認会計士賠償責任保険・税理士賠償責任保険など），個人向け賠償責任保険（個人賠償責任保険・ゴルファー保険・テニス保険・ハンター保険・スキースケート保険など）に分類される。

　賠償責任保険は保険契約締結時に損害額を想定することが困難であることから保険価額が存在しないために，保険者の支払う保険金の最高限度額を定める塡補限度額方式がとられている。保険金の支払は一事故あるいは一人あたりにつき，この限度額の範囲内でおこなわれることになり，原則として一部保険や超過保険も存在しない。また，賠償責任保険には，一般の損害保険とは異なる特殊性が見られる。それは，保険契約の当事者である保険者と保険契約者あるいは被保険者の他に，保険契約とは直接関係のない被害者たる第三者の存在が前提とされていることである。すなわち，賠償責任保険においては，保険契約関係と法律上の損害賠償責任関係が併存しており，加害者たる被保険者が損害賠償責任を履行するにあたって被る損害（財産の減少）を補償するという関係になっているのである。

　賠償責任保険において支払われる保険金の種類は，被保険者が被害

者に対して支払う損害賠償金のみならず，緊急措置費用・損害防止費用・訴訟費用・弁護士費用といった費用損害に対して支払われる費用保険金も含まれる。

　賠償責任保険の中で私たちの日常生活（職務生活を除く個人の日本国内における日常生活）において生じる偶然事故により，第三者に対して法律上の賠償責任を負担することによって生じる損害（財産の減少）を補償するものが個人賠償責任保険である。例えば，飼い犬が通行人に噛みつき傷害を負わせたり，こどもがボール遊びで隣家の窓ガラスを破損させたりした場合が対象となる。この保険における被保険者は，記名被保険者のみならず，その配偶者，本人またはその配偶者と生計をともにする同居の親族，本人またはその配偶者と生計をともにする別居の未婚の子が含まれる。

　また，消費者保護問題との関連で，1995（平成7）年に製造物責任法（以下，PL法と称す）が施行されたことを受けて注目されたものが生産物賠償責任保険（以下，PL保険と称す）である。PL保険そのものはすでに1957（昭和32）年に商品化されていたものであるが，企業がPL法施行後に損害賠償に備える手段のひとつとして重要視したものである。PL法の施行により，製造物の欠陥の存在と被害との関係さえ明らかにすればよくなり，損害賠償請求が容易になったためである。PL保険が対象とする偶然事故は，生産物リスクと完成作業リスクに大別される。生産物リスクとは，企業が製造・販売した欠陥商品によって第三者が被る損害のことであり，完成作業リスクとは，仕事の結果が原因となって，仕事の終了後に第三者が被る損害のことである。この保険は上記のリスクに伴う損害賠償責任を対象とするものであり，生産物そのものの損害や回収費用など

は補償の対象外である。

講義メモ

賠償責任保険 ─┬ 企業向け賠償責任保険
　　　　　　　├ 職業人向け賠償責任保険
　　　　　　　└ 個人向け賠償責任保険

賠償責任保険の契約方法……塡補限度額方式。
保険金の種類……損害賠償金・緊急措置費用・損害防止費用・訴訟費用・弁護士費用。
生産物賠償責任保険（PL保険）……生産物リスク・完成作業リスクが対象。

8．積立型損害保険

　損害保険は短期契約の掛け捨てを基本とするものであるが，わが国には長期契約の積立型の損害保険がある。いわゆる掛け捨て型の損害保険は偶然事故が発生した場合は保険金が支払われるが，無事故の場合は保険会社からは何の給付もない。保険契約者の側からすれば保険会社に保険料を支払ったものの，無事故の場合は保険会社からは何の見返りもないので，支払った保険料が無駄になったように思え，この状態を「掛け捨て」と称するのである。これに対して積立型損害保険は偶然事故が発生した場合に保険金が支払われる点は掛け捨て型損害保険と同様であるが，特徴的なところは無事故

だった場合には支払った保険料の一部に利子が付いて戻ってくることである。

　私たち日本人は「掛け捨て嫌いで貯蓄好きの国民性」といわれるように，いわゆる掛け捨て保険を嫌う傾向がある。そこで，このような状況を反映して1963（昭和38）年1月の保険審議会答申において「……事故のなかった場合には何らかの還付金の支払いがあるという方式が，日本におけるある層の火災保険契約者の気持ちに合うという面もある……」との提唱がなされ，この答申を受けるかたちで，まずは火災保険の分野から積立型損害保険の販売が開始され，その後，傷害保険・自動車保険・動産保険・介護費用保険・労働災害保険の分野でも商品化がすすんだ。積立型損害保険は，保険契約者にとっては補償・貯蓄・貸付といった機能を持つ複合商品として歓迎され，損害保険会社にとっても損害保険の普及に役立ち，長期契約なので安定的に契約が確保でき，さらに資金量の増大により資産運用機能が拡大できるといったように様々なメリットを享受できる商品となっている。積立型損害保険は純保険料と付加保険料に積立保険料が加算され，この積立保険料が無事故の場合に支払われる満期返戻金の財源となるという仕組みである。しかし，この貯蓄性に理論的必然性があるかどうかという点には問題がある。物保険を基本とする損害保険の場合，保険価額は客観的に規定され，したがって保険金額も保険価額に基づいて客観的に規定される。発生する損害も客観的に評価され，損害填補を原則とした補償がおこなわれるので，利得は認められない。すなわち，損害保険においては，理論的には貯蓄要素が介入する余地は生じないのである。積立型損害保険における貯蓄要素を，全損失効という仕組みを通じて損

害塡補機能との融合と説明するむきもあるが，生命保険における生存保障から生じる貯蓄要素とは本質的に異なるものである。要するに，積立型損害保険とは，人為的に貯蓄要素を介入させた商品であり，保険理論よりも「掛け捨ては嫌だ」という保険契約者のニーズを優先させた商品といわざるを得ない。

講義メモ

掛け捨て型損害保険……無事故の場合，支払った保険料は戻ってこない。

積立型損害保険……無事故の場合，支払った保険料の一部が戻ってくる。

積立型損害保険の保険料体系……純保険料・付加保険料・積立保険料（貯蓄部分）。

積立型損害保険誕生の背景……掛け捨て嫌いで貯蓄好きという国民性を反映させ，保険契約者のニーズを優先して商品化したもの。

9．巨大リスクと損害保険

　損害保険が引き受ける巨大リスクにはいくつかの種類がある。航空機事故のような一事故あたりの損害額が巨額にのぼるリスク，原子力関連施設の事故のような施設の件数自体は少ないが事故発生時の損害額が巨額にのぼるリスク，地震・噴火・津波による事故のよ

うなリスクが偏在するうえに損害額が巨額にのぼるリスクなどである。巨大リスクの引受には保険プールという共同引受機構が利用される。保険プールとは，プールに加盟している元受保険者が引き受けた元受保険契約を共同計算して，引受実績や引受能力を考慮して，あらかじめ決められた配分割合に基づいて，保険料や保険金を配分する方法である。ここでは巨大リスクを引き受ける損害保険として，航空保険と原子力保険をとりあげる。

　航空保険は，航空機・航空貨物・空港施設・人工衛星などを対象とし，機体の物的損害や乗客ならびに機外の第三者に対する損害賠償など，多種多様のリスクを幅広く補償する保険である。航空保険の種類には，機体保険，乗客賠償責任保険，第三者賠償責任保険，空港所有・管理者賠償責任保険，航空機装備品・予備部品保険，航空貨物賠償責任保険，グライダー保険，飛行船保険，人工衛星保険などがある。航空機事故が発生すれば，機体のみならず乗客ならびに第三者の生命・財産に巨額の損害を与えるので，損害保険会社が一社単独でこの巨大リスクを引き受けることは不可能に近い。そこで，日本航空保険プール（1952年設立）の加盟元受保険者が引き受けた航空保険は，プールに提供することが義務づけられており，プールメンバーに再配分される。プールはさらにこれを海外に再保険する仕組みになっている。

　原子力リスクに関しては，一事故あたりの損害額が巨額になることに加えて，放射能の及ぼす影響（疾病の後発性など）が十分に解明されていないという特殊性も含まれている。原子力という特殊なリスクを対象とした巨大リスクを，損害保険会社一社で引き受けることが不可能であることはいうまでもないことである。原子力保険

Ⅱ　損害保険各論

は日本原子力保険プール（1960年設立）が元受および再保険の処理をおこなっている。原子力保険は原子力損害賠償責任保険と原子力財産保険に分類される。原子力損害賠償責任保険はさらに，原子力施設賠償責任保険・原子力輸送賠償責任保険（広義には原子力船運行者賠償責任保険を含む）に分類され，原子力施設における，または核燃料物質の輸送中における原子力リスクを補償するものである。また，原子力財産保険は原子力発電所等の建物自体の損害を補償するものである。日本原子力保険プールによって引き受けられた原子力保険は，プールメンバーの責任負担額に応じて割り当てられ，国内プールの責任負担額を超える部分については海外プールに再保険することで，国際的なリスク分散をおこなっている。

　なお，原子力保険では地震・噴火・津波による損害は免責とされているので，その場合は国と原子力事業者との間で締結されている原子力損害賠償補償契約に基づいて補償がおこなわれることになっている。

講 義 メ モ

巨大リスクの引受……保険プールという共同引受機構を利用する。

航空保険……航空機・航空貨物・空港施設・人工衛星などを対象とし，機体の物的損害や乗客ならびに機外の第三者に対する損害賠償など，多種多様のリスクを幅広く補償する。

原子力保険……原子力損害賠償責任保険は原子力施設における損害または核燃料物質の輸送中における損害を補

> 償し，原子力財産保険は原子力発電所等の建物自体の損害を補償する。

10. 代替的リスク移転

　企業保険の分野において，リスクの多様化・複雑化といった現象を受けて，従来の保険商品だけでは対応することが困難なリスクが登場してきたこと，あるいは保険会社が企業ニーズに応えた保険商品を必ずしも提供してこなかったことから，新しいリスク処理手段として注目されたものがART（Alternative Risk Transfer）である。ARTは一般的には代替的リスク移転と訳されており，その特徴はリスクの移転先を金融市場に求めたところにある。ARTの対象となるリスクは事故の発生頻度は高いが一件あたりの損害額は大きくない少額多発リスクと，リスクに該当する保険商品が存在しない保険入手不能リスクである。ARTと考えられるリスク処理手段は多岐にわたるが，填補責任の決め方，保険金の支払基準，リスクの移転先のいずれかひとつが従来の保険と異なっている場合は，ARTと呼ばれているようである。

　以下，天候リスクを例にあげて，保険（異常気象保険）とART（天候デリバティブ）の違いを素描してみることにする。天候リスクに対応する保険商品は興行中止保険・天候保険・異常気象保険などがある。興行中止保険とは悪天候によってコンサートやイベントが中

止になった場合に，被保険者が喪失した利益や中止によって支出した費用を補償するものである。また，天候保険とは悪天候によってレジャー施設が閉鎖した場合に，被保険者が喪失した利益や支出した費用を補償するものである。異常気象保険はこれらの商品とは異なり，天候リスクの影響を受けるあらゆる業種が対象になっており，事業が休止しなくても天候リスクによって生じた収益減少分が補償される。異常気象保険では，気温・降水量・日照時間・風・雪などの影響を対象とし，過去の気象データに基づき，保険期間中の気象の変化を確率として予測し，補償範囲と保険金額を設定する。支払条件は基準ポイントを超えたポイント1ポイントごとにいくら支払うかを定め，実損填補で補償するものである。異常気象保険は保険商品なので，保険金の支払には損害と異常気象との因果関係の証明と損害調査が必要であり，実損額を超える支払は認められない。

　これに対して，天候デリバティブは保険市場ではなく金融市場へリスクを移転するものであり，填補条件が指数と実勢値との関係で決まり，約定金額もトリガー（trigger）という損失金を支払う条件と実勢値との差によって決まる。すなわち，天候デリバティブは支払条件さえ満たしておれば原因の如何は問わず，また支払われる約定金額と損害額との間にも明確な関係がないところに特徴がある。例えば，トリガーを10℃，0.1℃ごとに補償金額を100万円支払うとして，観測期間中の平均気温が9.6℃だったとすると，トリガーとの差が0.4℃となるので，100万円×4＝400万円が受け取れるというものである。この場合，実際に400万円の損害が発生したかどうかは問われないということである。このように，天候デリバティブはトリガーポイントさえクリアすれば，損害調査も行われず迅速に

約定金額が支払われるのである。

　以上のように，ARTは金融市場をリスクの移転先とし損害調査も不要で損害填補という考え方もとらないという，伝統的な保険商品とはその性格を大きく異にするものである。したがって，ARTは保険から派生したものではなく，従来の保険では様々な制約上実現できなかったリスクを新たな市場で引き受けるために誕生した，保険の代替手段と位置づけるべきものである。なぜならば，保険，特に企業保険は損害填補の厳格な適用が求められるものであり，損害填補原則から逸脱したものは，もはや保険とは別物である。今日の多種多様な損害保険は海上保険に始まる基本形態から派生し発展してきた結果であり，基本形態と派生形態とを繋ぐ脈絡こそ損害填補原則だからである。

講義メモ

ART（Alternative Risk Transfer）……リスクの移転先を金融市場に求めた代替的リスク移転といわれる新しいリスク処理手段。

ARTの対象となるリスク……少額多発リスク・保険入手不能リスク。

ARTの特徴……損害調査も不要で損害填補という考え方もとらない，伝統的な保険商品とは異なる性格。

Ⅲ　生命保険各論

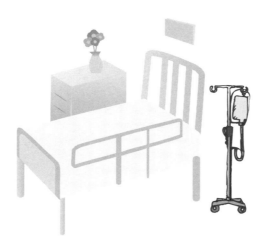

1．生命保険の基本分類

　生命保険をその保障内容によって分類すれば，死亡保険・生存保険・生死混合保険に区分される。死亡保険は被保険者の死亡を対象とし，生存保険は逆に一定期間の被保険者の生存を対象としたものである。この両者の性格を合体させたものが生死混合保険である。

　死亡保険の範疇に属するものが，定期保険・終身保険・定期付終身保険である。定期保険は保険期間が一定期間に限られ，その期間内に被保険者が死亡した場合に死亡保険金が支払われる商品で，保険期間満了時の満期保険金はない。定期保険には保険金額が保険期間中一定の定額型のほかに，一定割合で増加する逓増型や一定割合で減少する逓減型，さらには被保険者が一定期間経過ごとに生存していることを条件に給付金を支払う生存給付金付定期保険がある。定期保険は一定期間の保障なので，保障を継続させるためには契約満了時に更新すればよいが，その際には被保険者の年齢が上がっている分，保険料が値上げとなる。

　次に終身保険であるが，この商品は定期保険が決められた期間のみの保障であることから保障切れのおそれがあるのに対して，保険期間を定めず一度加入すれば一生涯保障が続くというものである。終身保険の保険料払込方法は終身払込と有期払込の２とおりあるが，有期払込は経済的に余裕のある期間に保険料の払込を終了させ，以後は保険料の払込は不要となり保障は一生涯続くというものなので，

有期払込での支払が一般的である。なお，終身保険は死亡保険の範疇に属するが，保険期間が長期にわたるため，払込保険料が事実上の貯蓄部分を形成する。このように，終身保険には保障部分と積立部分が併存しているので，この2つの要素を切り離して積立部分の保険料を保障部分に活用できるようにしたものが利率変動型積立終身保険である。積立部分に適用される利率が一定期間ごとに見直されて変動するところが，この商品の名前の由来である。さらに，終身保険の契約の前半部分に定期保険を組み合わせた商品が定期付終身保険である。この商品は偶然事故の発生によって生じる経済的負担が大きくなる人生の前半部分の保障を充実させることを目的としたものである。

　死亡保険とは反対に貯蓄要素を重視したものが生存保険であり，代表的な商品が貯蓄保険とこども保険である。貯蓄保険とは比較的保険期間の短いものが多く，満期まで生存していることを条件として満期保険金を支払うことを主な目的とした商品である。生命保険なので死亡保障もついてはいるが，満期保険金と同額かあるいはそれ以上の保険金が支払われるのは災害および法定伝染病による死亡の場合であり，その他の死亡については偶然事故発生時点までに払い込まれていた保険料に見合う死亡給付金が支払われる。次に，こども保険とはこどもの学齢期にあわせて祝金を支払い，さらに保険期間が満了するときには満期保険金を支払うという商品である。なお，保険期間中に保険契約者（＝親）が死亡した場合は以後の保険料支払は免除され，保障は保険期間満了まで続く。商品によっては育英年金が支払われるものもある。保険期間中に被保険者（＝こども）が死亡した場合は死亡給付金が支払われる。このように，生

存保険は生存という偶然性を商品化したものである点が，損害保険における積立型損害保険にみられた人為的貯蓄要素の介入とは異なるところである。付言すれば，保険期間の長期化も人間の死亡という偶然事故が発生率100％であるところに意義があるのであって，損害保険の保険期間を長期化しても火災や自動車事故の発生率が100％になるわけではない点で，その意義を大きく異にしている。

　死亡保険と生存保険の合体型とでもいうものが生死混合保険である。わが国の生命保険において長きにわたって中心的な役割を果たした養老保険がこの範疇の商品である。養老保険は保険期間中の死亡に対しては死亡保険金が，契約満了時の生存に対しては満期保険金が支払われることから，保障と貯蓄を同時に手に入れることができるという，もっともわかりやすい生命保険であったことが長く中心的な役割を果たした理由でもあった。この養老保険と定期保険を組み合わせた商品が定期付養老保険である。保険期間中の死亡に対しては養老保険と定期保険の双方から死亡保険金が支払われるが，契約満了時の生存に対しては定期保険には満期保険金はついていないので養老保険のみの満期保険金となる。要するに，養老保険の死亡保障部分を大きく設計した商品である。

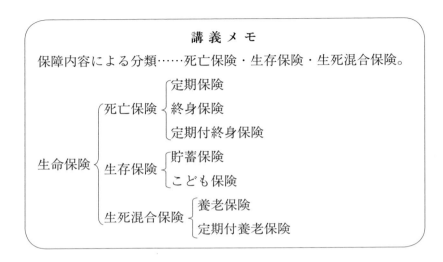

2．長生きのリスクと生命保険

　人生80年の長寿社会においては，一生涯保障の終身保険に加えて，長生きのリスク対策としての医療保険へのニーズも高まっている。医療保険には公的医療保険があるが，民間医療保険は公的医療保険の補完が目的である。公的医療保険は3割の自己負担（後期高齢者医療は原則1割負担）で医療行為を受けられるが，それでも心疾患・脳卒中・がんなどの医療費は高額になる。また，個室等を利用した場合の差額ベッド代は公的医療保険の対象にならないので，公的医療保険で支払われる医療費とは別に患者が個人で実費負担しなければならず，公的医療保険の足らざるところは民間医療保険で補わなければならないことになるのである。標準的な民間医療保険の保障

内容は，災害入院給付金・疾病入院給付金・手術給付金・死亡保険金である。入院給付金は日額×日数，手術給付金は日額の10倍・20倍・40倍，死亡保険金は日額の100倍が支払われる。医療技術の進歩によって先進医療が導入されてからは，先進医療特約によって先進医療の技術料も保障されるようになった。

また，がん保険は，がんに特化した医療保険であり，上記給付金に加えて，がん診断給付金がついている。なお，がん保険には90日免責制度が設けられている。がん保険は責任開始日から90日は免責期間とされ，この間の発症には給付金は支払われない。これは，被保険者が契約時点でがんになっていることに気づいていない場合があるためで，免責期間中に発症した場合は，保険契約を解除して保険料は返還される。

医療費負担の軽減を目的とした，生きるための保険として注目されるようになったものが生前給付型生命保険である。代表的な生前給付型生命保険には，特定疾病保障保険とリビングニーズ特約がある。伝統的な生命保険の在り方は，被保険者の死亡によって保険金の支払がなされるというものであるが，特定疾病保障保険は，がん・急性心筋梗塞・脳卒中といった特定の疾病により所定の状態になった場合に，生前に死亡保険金相当額が支払われるというものである。一般的に，がんの場合は医師によりがんと確定診断された場合，急性心筋梗塞と脳卒中は医師の診断を受けた日から60日以上障害状態が続いた場合に支払われる。また，リビングニーズ特約は「余命6ヶ月保険」ともいわれ，疾病・傷害を問わず，余命6ヶ月と診断された場合に生前に死亡保険金相当額が支払われるというものである。いずれも，高額の医療費負担に対するニーズを反映して

のことであるが，リビングニーズ特約に関しては，余命幾ばくもない最後の人生の思い出づくりのための経済支援的な要素（終末保障）も含まれている。

　さらに，長寿社会のリスクとして，介護問題と老後の生活資金の問題をあげることができる。寝たきり・認知症による要介護状態については，まず40歳以上の人は全員加入している公的介護保険による保障が提供されている。公的介護保険は1割の自己負担で在宅サービス（ホームヘルプ・訪問看護・訪問入浴・訪問リハビリテーションなど）や施設サービス（老人福祉施設・老人保健施設・療養型医療施設など）が受けられるというものである。しかし，公的介護保険の給付上限を超えるサービスや公的介護保険の給付対象とならないサービス（配給・移送・緊急通報・訪問理美容など）は全額自己負担となる。また，公的介護保険は40歳以上が対象なので，若年要介護者については保障の対象外となる。さらに，家族の介護のために離職・転職した場合の収入減や介護用品の購入費や施設等への交通費も対象外である。民間介護保険は公的介護保険の補完を目的としたものである。契約方法としては主契約での契約，特約での付加，終身保険の保険料払込終了後の移行などがある。保険金は，一時金・年金・一時金＋年金のいずれかの方法で受け取ることができる。

　長寿社会におけるいまひとつの大きな問題が老後の生活資金の確保である。老後の経済準備の一手段として利用されているものが個人年金保険であるが，これも公的年金に対する不安を背景としてそのニーズが高まったものである。一国の全人口に占める65歳以上の老齢人口の割合が7％を超えると，その国は高齢化がすすんだ国といわれるが，わが国は1970（昭和45）年にすでにこの基準を超えて

おり，その割合が倍の14％に達するまでわずか25年しか要しなかったという，世界的にみても非常に速いスピードで高齢化が進展してきた。将来的には，日本人の約4割が老齢人口になるといわれている。公的年金は生産年齢人口が年金財源を負担し，同世代の老齢人口が年金として受け取る仕組みなので，少子化によって生産年齢人口が縮小し，高齢化によって老齢人口が拡大すれば，公的年金の財源問題と公的年金の給付金額の問題が懸念されるところとなる。公的年金の財源問題を抜本的に解決するためには，何よりも少子化対策として，女性が安心してこどもを産んで育てられるような社会環境の整備が不可欠である。

　長寿社会のこのような現状を考えたとき，老後の生活資金としての公的年金への不安が，自助努力としての個人年金保険のニーズに繋がったのである。個人年金保険は老後の生活資金を確保するために，年金の財源となる保険料をあらかじめ支払っておき，一定の年齢に達した時点から年金として受け取るというものである。個人年金保険は年金の支払期間と支払条件によって確定年金・有期年金・終身年金に分類される。確定年金は年金の支払期間が一定期間であり，被保険者の生死に関わりなく支払期間中は年金が支払われるというものである。有期年金は年金の支払期間が一定期間であるところは確定年金と同様であるが，年金の支払条件が被保険者の生存であるので，支払期間中に被保険者が死亡した場合は年金支払は打ち切りとなる。ただし，年金支払開始時から被保険者が早期に死亡した場合，払込保険料総額と受取年金総額との間に著しい不均衡が生じるおそれがあるので，年金支払開始時から一定期間は保証期間を設定し，保証期間中は被保険者の生死に関わりなく年金を支払うと

いう措置がとられている。終身年金は年金の支払期間が終身であり，被保険者が生存している限り年金が支払われるというものであるが，終身保険でも有期年金と同じ問題が生じるおそれがあるので，保証期間が設けられている。なお，保険料払込期間中に被保険者が死亡した場合は，払い込まれた保険料に見合う死亡給付金が支払われる。

一般的に，確定年金は定年から公的年金支給までにブランクがある場合のつなぎ年金として，有期年金は保険料が安いので特約と組み合わせた老後保障として，終身年金は公的年金の上乗せ年金として利用される。

講義メモ

医療保険の保障内容……災害入院給付金・疾病入院給付金・手術給付金・死亡保険金。

先進医療特約……先進医療の技術料を保障。

生前給付型生命保険
- 特定疾病保障保険（がん・急性心筋梗塞・脳卒中）
- リビングニーズ特約（余命6ヶ月）

介護保険……公的介護保険の対象とならないサービス範囲を補完。

介護保険の契約形態……主契約での契約，特約での付加，終身保険の保険料払込終了後の移行。

介護保険の保険金……一時金，年金，一時金＋年金のいずれかの方法で受け取り。

個人年金保険
- 確定年金
- 有期年金
- 終身年金

Ⅲ　生命保険各論

3．インフレーションと生命保険

　生命保険は本来，定額保険を基本としている。損害保険が損害塡補を原則とする保険であるのに対して，生命保険は金銭で客観的な評価をすることが困難な人の生死を保障の対象にしていることから，将来支払われる保険金の金額を契約締結時に約束するというものである。これに対して変額保険は，保険期間中あるいは保険期間満了時に受け取る死亡保険金・満期保険金・解約返戻金が，資産運用実績に応じて変動するというものである。定額保険の資産が一般勘定において安全性に留意した運用がおこなわれているのに対して，変額保険にかかわる資産は特別勘定において一般勘定よりも収益性を重視して有価証券を中心とした積極的な運用がおこなわれる。定額保険においては実際利率には関係なく，契約時に約束された保険金が支払われ，仮に予定利率を実際利率が下回っても，約束された保険金は保険会社の責任において保証される。これに対して変額保険は運用実績を直接保険金に反映させるので，運用実績に応じて保険金が増減するわけである。資産運用にかかわるリスクは保険契約者自身が負担することになることから，ハイリスク・ハイリターン商品ともいわれている。

　変額保険には保険期間が一定期間の有期型変額保険（養老保険タイプ）と，保険期間が一生涯の終身型変額保険（終身保険タイプ）の二種類がある。有期型変額保険は保険期間中の死亡については死亡

保険金が，満期まで生存していた場合は満期保険金が支払われるというものである。死亡保険金については死亡時に運用実績がマイナスになっていても契約時に定められた基本保険金が最低保証されるが，満期保険金については最低保証はなく，運用実績次第では元本割れもありうる。一方，終身型変額保険は死亡保障が一生涯続くというもので，有期型変額保険と同じく死亡保険金については基本保険金が最低保証される。変額保険は死亡保険金に最低保証をつけることによって，契約締結時に約束された保険金が死亡時に全額支払われるという生命保険の基本形態が貫かれていることになる。変額保険の本質はインフレに弱いという定額保険の弱点をカバーするために，実質的貨幣価値を保全する仕組みであり，その意味においてインフレ対策商品である。変額保険は，そもそも短期の運用実績に一喜一憂する商品ではなく，長期的な経済の動向に連動する商品であるとの認識が必要である。

　変額保険同様，変額年金も資産運用実績によって将来受け取る年金原資が変動するというものである。変額年金は，通常，まず契約締結時に複数の特別勘定のなかから保険契約者が選択した特別勘定で資産運用をおこなう。特別勘定の選択方法は，ひとつでも複数でも自由で，さらに契約締結後の変更も可能である。変額保険と同じく，資産運用にかかわるリスクは保険契約者自身が負うことになる。年金原資は運用実績に基づき年金支払開始日の前日までに特別勘定に積み立てられた金額によって決まる。ただし保険料支払期間中の被保険者の死亡について支払われる死亡給付金は，払込保険料相当額が最低保証される。

Ⅲ　生命保険各論

> **講義メモ**
> 変額保険……保険料を有価証券などに積極的に運用して、運用の結果を保険金額に直接反映させる商品（ハイリスク・ハイリターン商品）。
>
> 変額保険 ┌ 有期型変額保険……死亡保険金は基本保険金を最低保証。満期保険金には最低保証なし。
> 　　　　└ 終身型変額保険……死亡保険金は基本保険金を最低保証。
>
> 変額保険の本質……実質的貨幣価値を保全する仕組みで、長期的な経済の動向に連動するインフレ対策商品。
> 変額年金……資産運用実績によって将来受け取る年金原資が変動するという年金。

4．ライフステージと生命保険

　人生80年の長寿社会を迎えたいま、結婚観の変化、女性の出産期間の変化、子育て期間の変化、こども独立後の期間の過ごし方、定年退職後の第二の人生の過ごし方、老後の経済的・身体的不安といった生活環境の変化がみられるようになった。一例をあげれば、女性の出産期間や子育て期間が短くなった反面、定年退職後の老後期間が大幅に伸びたことなどがあげられる。人生80年のライフプラ

ンを考える上で，資金計画とともに重要なものがリスクマネジメントである。すなわち，就職・結婚・出産・育児・住宅取得・老後生活といった人生のライフステージごとの課題を考え，それぞれのステージに必要な生命保険を検討することである。

　ライフステージの進行に沿って生活リスクをみていくときには，その家族の形成過程を考慮する必要がある。例えば，子育て期に必要な保障は一家の大黒柱の死亡リスクへの備え（定期保険・終身保険など）であろうし，またこどもの教育資金の準備（こども保険など）である。また，こども独立後から定年退職までの時期に必要なものは老後の生活資金の準備（個人年金保険など）であるといった具合である。さらに，ライフステージ全般にわたっては病気への備え（医療保険・がん保険など）も必要である。生活リスクはその家庭の置かれている状況によって千差万別なので，個々の家庭の保険ニーズもまた千差万別である。したがって，それぞれのライフステージに見合う適切な生命保険を選択する目を養わなければならない。

　このような直接的な人的リスクに加えて，住宅取得の際にも生命保険が活用される。信用生命保険がそれである。信用生命保険は，住宅ローンなどの借手を被保険者として，信用供与機関（銀行など）・信用保証機関が保険契約者となり，未払債務額と同一金額を保険金額とする特殊な生命保険である。この保険の存在により，被保険者の死亡・高度障害によって返済が困難になったとしても，支払われる保険金でその債務が相殺されるので，残された家族が債務返済に窮することを避けることができるというものである。

　ところで，生命保険は長期保険であるので，長期的な保険料負担の問題も派生してくる。契約締結時には余裕のあった保険料支払が，

その後の家計事情の変化(収入減・こどもの教育費の負担・住宅ローンの返済など)によって困難になる場合である。保険料の支払が困難になった場合の最も簡単な対応策は,保険契約の解約である。ただし,一旦解約してしまえば,保障がなくなることはいうに及ばず,数年後に再度契約する際に,年齢の上昇・健康状態の悪化・その時点での予定利率の引き下げなどによって,保険料負担が増加する場合もある。次に,保険金額の減額という対応策がある。契約途中で保険金額を引き下げれば,それだけ保険料負担は軽減されるからである。さらに,払済保険または延長定期保険の利用という対応策もある。払済保険とは,保険料の支払を中止して,その時点の解約返戻金を原資として,保険期間はそのままで保険金額を減額させて保障を残すという方法であり,延長定期保険は,同じく保険料の支払を中止して,その時点の解約返戻金を原資として,保険金額はそのままで保険期間を短縮させて保障を残す方法である。

　ライフステージごとの生命保険の選択にあたっては,ニーズに見合う商品の選択と,何よりも無理のない保険料負担を考える必要がある。

> **講義メモ**
>
> ライフステージごとの課題……就職・結婚・出産・育児・住宅取得・老後生活といった,それぞれのステージに必要な生命保険は何かを検討する。
>
> 信用生命保険……住宅ローンなどの借手を被保険者として信用供与機関・信用保証機関が保険契約者となり,未払債務額と同一金額を保険金額とする特殊な生命保険。
>
> 払済保険……保険料の支払を中止して,その時点の解約返戻金を原資として,保険期間はそのままで保険金額を減額させて保障を残すという方法。
>
> 延長定期保険……保険料の支払を中止して,その時点の解約返戻金を原資として保険金額はそのままで保険期間を短縮させて保障を残すという方法。

5.福利厚生制度としての団体保険

　団体保険は民間の生命保険会社を利用した勤労者の福利厚生制度として,1911年にアメリカのエクイタブル社(Equitable Life Assurance Society)が発行した団体生命保険証券が始まりとされている。わが国においては,1934(昭和9)年に,勤労者の福利厚生を主目的として日本団体生命保険株式会社(現アクサ生命保険株式会

社）が設立され，団体定期保険を販売したことが始まりである。戦前の団体保険は日本団体生命の一社独占事業であったが，1947（昭和22）年の独占禁止法の公布によって，生命保険各社が団体保険を取り扱うようになった。

団体保険の役割は勤労者の福利厚生を目的とした企業保障制度であり，いわば社会保障と個人保険の中間的な位置づけである。団体保険は保険会社と団体の代表者が，その団体の構成員を一括して被保険者とし，単一の契約でおこなう保険契約である。また，一括募集・文書募集・画一的商品を特徴とするので事務コストがかからないので，個人保険に比べて低い料率で契約することができる。さらに，原則として個人単位の医的選択はおこなわず，団体選択の原理が採用されている。

被保険団体の保険料率には，平均保険料率，年齢群団別料率，自然保険料率のいずれかが選択される。平均保険料率は各被保険者の年齢と保険金額に基づいて算出された保険料総額を総保険金額で除して平均保険料率を算出するもので，被保険者全員を一律の保険料率とする方式である。この方式は事務コストが軽減できるので低廉な保険料が可能となる。年齢群団別料率は被保険者の年齢範囲に対応する代表年齢（例えば，41歳〜45歳の代表年齢は43歳）による保険料率を用いる方法で，事務コストはかかるが被保険者間の不公平感はなくなる。自然保険料率は個々の被保険者ごとに保険料を計算して，その個別料率を集計して団体の保険料とする方式である。

団体保険はその契約方式が個人保険と異なっているが，商品内容は個人保険のそれと同様であり，団体定期保険・団体終身保険・団体養老保険・団体年金保険などが提供されている。団体保険は団体

の構成員を対象としたものなので、退職等によってその団体の構成員でなくなった場合は、契約を維持することはできない。なお、一定人数の保険契約者が集まれば保険料が割引されるというのは「団体扱い」であって、ここでいうところの団体保険とは異なるものである。

> **講義メモ**
> 団体保険……勤労者の福利厚生を目的とした企業保障制度。
> 団体保険の特徴……保険会社と団体の代表者が、その団体の構成員を一括して被保険者とし、単一の契約でおこなう保険契約。
> 団体保険の保険料率……平均保険料率、年齢群団別料率、自然保険料率のいずれか選択。

跋　　文

　人生80年のライフプランを考えるにあたって，人生のまさかの場面に備えるためのリスクマネジメント手段として，保険の果たす役割は重要である。ライフステージごとの課題と照らし合わせてみると，人生の三大支出といわれている，住宅の取得・こどもの教育・老後の生活各々において，保険の必要性が理解される。住宅の取得に関しては，住宅ローンを組む際の火災保険や信用生命保険の契約，こどもの教育に関しては，学資としてのこども保険や貯蓄保険・養老保険の活用，そして老後の生活に関しては，老後生活資金の確保のため個人年金保険で備えるなど，人生の場面場面において保険の効用が期待される。また，日常の生活リスクに関しても，自動車免許を取得した際には，自賠責保険と任意の自動車保険が，病気や傷害への備えには医療保険や傷害保険が，海外旅行の際には海外旅行傷害保険が必要になってくる。さらに，家族形成においては，遺族保障の必要性から生命保険が不可欠な要因となってくる。このように，わたしたちの暮らしに保険はなくてはならないものである。

　わが国は保険の普及率という点では世界に冠たる保険大国であるが，保険についての理解度という点では，底の浅さが指摘されることが度々であり，保険に対する誤解・無理解も少なくない。この点に関しては，わが国へは保険制度が外国からの輸入というかたちで紹介されたことから十分に保険思想が受容される余裕がなかったことや，日本人が確率論的思考や契約観に乏しいこと，「掛け捨て嫌

いで貯蓄好き」という国民性が背景にあること，何よりもリスク観に欠けるところがあることなど，様々な文献で指摘されている。このような保険に対する理解の溝を少しでも埋められるように，本書においては極力平易な解説を心がけた次第である。本書が保険の理解に少しでもお役に立てれば幸いである。

主要参考文献

Dermot Morrah, A History of Industrial Life Assurance, 1995.

F.H.Haines, Chapters of Insurance History, 1926.

Harold E. Raynes, A History of British Insurance, 2nd ed., 1964. (H.E.レインズ『イギリス保険史』庭田範秋監訳,明治生命100周年記念刊行会,1985年。)

Isaac Todhunter, A History of the Mathematical Theory of Probability from the time of Pascal to that of Laplace, 1865. (Ⅰ．トドハンター『確率論史』安藤洋美訳,現代数学社,1975年。)

M.E.Ogborn, Equitable Assurances, 1962.

Wilhelm Lexis, "Begriff, wirtschaftlich", Versicherungslexikon, 1909.

赤堀勝彦『リスクマネジメントと保険の基礎』,経済法令研究会,2003年。

浅谷輝雄『生命保険の歴史』,四季社,1957年。

生田武夫『簡易保険論』,有光社,1940年。

石田祐六『損害塡補の理論及びその実態』,風間書房,1960年。

石名坂邦昭『ファミリーリスク・マネジメントと保険』,白桃書房,1999年。

今井薫・岡田豊基・梅津昭彦『レクチャー保険法〔第2版〕』,法律文化社,2005年。

海老原靖也『ホスピタリティー入門』,大正大学出版会,2005年。

大串淳子・日本生命保険生命保険研究会編『解説　保険法』,弘文堂,2008年。

加藤由作『海上保険新講』,春秋社,1962年。

上山道夫『リスクマネジメントのしくみ』,中央経済社,2002年。

亀井利明『海上保険総論』,成山堂書店,1976年。

亀井利明編『保険とリスクマネジメントの理論』, 法律文化社, 1992年。
木村栄一『海上保険』, 千倉書房, 1978年。
木村栄一『ロイズ・オブ・ロンドン』, 日本経済新聞社, 1985年。
木村栄一・大谷孝一・落合誠一編『海上保険の理論と実務』, 弘文堂, 2011年。
木村栄一・高木秀卓『損害保険概論』, 有斐閣, 1993年。
木村栄一・庭田範秋編『保険概論』, 有斐閣双書, 1986年。
木村栄一・野村修也・平澤敦編『損害保険論』, 有斐閣, 2006年。
後藤和廣『リスクマネジメント入門』, 中央大学生活協同組合出版局, 2000年。
小藤康夫『保険危機の本質』, 東洋経済新報社, 2001年。
佐藤保久『資本主義と生命保険マーケティング』, 千倉書房, 1996年。
佐波宣平『保険学講案』, 有斐閣, 1951年。
下和田功編『はじめて学ぶリスクと保険』, 有斐閣ブックス, 2004年。
勝呂弘『損害保険論選集』, 千倉書房, 1985年。
砂川和彦『変額年金保険』, 金融財政事情研究会, 2002年。
田中周二編『生保の株式会社化』, 東洋経済新報社, 2002年。
田辺康平『新版 現代保険法』, 文眞堂, 1995年。
田辺康平・坂口光男編著『注釈 住宅火災保険普通保険約款』, 中央経済社, 1995年。
田村祐一郎『社会と保険』, 千倉書房, 1990年。
田村祐一郎『掛け捨て嫌いの保険思想』, 千倉書房, 2006年。
トーア再保険株式会社編『再保険 その理論と実務』, 損害保険事業総合研究所, 1999年。
中西正明『傷害保険契約の法理』, 有斐閣, 1992年。
奈良由美子編『生活リスク』, 放送大学教育振興会, 2007年。
奈良由美子『生活リスクマネジメント』, 放送大学教育振興会, 2011年。

主要参考文献

庭田範秋・平井仁『協同組合保険の歴史と現実』，共済保険研究会，1972年。

服部勝人『ホスピタリティ・マネジメント学原論』，丸善，2006年。

馬場克三・後藤泰二『保険経済概論』，国元書房，1977年。

土方薫『総解説　保険デリバティブ』，日本経済新聞社，2001年。

土方薫編著『天候デリバティブ』，シグマベイスキャピタル，2000年。

日吉信弘『損害保険とリスクマネジメント』，損害保険事業総合研究所，2000年。

日吉信弘『代替的リスク移転』，保険毎日新聞社，2000年。

三上義夫『農協共済の理論と実務』，全国共同出版株式会社，1982年。

水島一也『近代保険論』，千倉書房，1961年。

水島一也編著『保険文化』，千倉書房，1995年。

宮道潔『リスクマネジメントと保険』，税務経理協会，1996年。

山上徹『ホスピタリティ・マネジメント論』，白桃書房，2005年。

吉澤卓哉『企業のリスク・ファイナンスと保険』，千倉書房，2001年。

吉澤卓哉『保険の仕組み』，千倉書房，2006年。

索　引

【あ】

アミカブル・ソサエティー ……… 10
安全性の原則 …………………… 19

【い】

異常危険準備金 ………………… 30
異常気象保険 ……………… 76, 77
一部保険 ………………………… 25
医療保険 …………………… 48, 84

【え】

営業職員 ………………………… 32
エクイタブル・ソサエティー …… 11
エドモンド・ハレー …………… 10
エドワード・ロイド ……………… 7
延長定期保険 …………………… 93

【か】

外航貨物海上保険 ………… 53, 54
介護保険 …………………… 48, 86
外来 ……………………………… 67
価額協定保険特約 ……………… 27
家計保険 ………………………… 13
掛け捨て保険 …………………… 72
格付け …………………………… 38
火災保険 ………………………… 56
貨物海上保険 ……………… 53, 54
簡易保険 ………………… 42, 43, 44
完成作業リスク ………………… 70

がん保険 ………………………… 85

【き】

期間保険 ………………………… 55
企業保険 ………………………… 13
基金 ………………………… 40, 41
基金拠出者 ………………… 40, 41
危険差益 ………………………… 20
逆ざや ……………………… 36, 37
逆選択 ……………………… 50, 59
急激 ……………………………… 67
給付反対給付均等の原則 ……… 17
共済 ……………………………… 45
共同海損 ………………………… 30
共同保険 ………………………… 30
寄与分 …………………………… 41
銀行窓販 ………………………… 33

【く】

偶然 ……………………………… 67

【け】

経済的修繕不能 ………………… 29
現実全損 ………………………… 29
原子力保険 ………………… 74, 75
原則自動付帯 …………………… 60

【こ】

航海保険 ………………………… 55
航空保険 ………………………… 74

103

顧客満足度 …………………… 34,35
告知義務 ……………………… 21
個人年金保険 ………………… 86,87
こども保険 …………………… 82
雇用保険 ……………………… 48

【さ】

再保険 ………………………… 30,31
残存物代位 …………………… 29

【し】

ジェームス・ドッドソン ……… 11
JA共済 ………………………… 45
死差益 ………………………… 20
地震火災費用 ………………… 57
地震保険 ……………………… 59,60
自然保険料 …………………… 19
失火の責任に関する法律 …… 57
自動車損害賠償責任保険 …… 62
自動車損害賠償保障事業 …… 63
自動付帯 ……………………… 59
死亡保険 ……………………… 81
社員総会 ……………………… 39
社員総代会 …………………… 40
社会保険 ……………… 47,49,50
収支相等の原則 ……………… 16
終身型変額保険 ……………… 89,90
終身保険 ……………………… 81
傷害保険 ……………………… 67,68
少額短期保険業者 …………… 46
純粋リスク …………………… 4
純保険料 ……………… 16,18,19

ジョン・ハートレー …………… 10
人身傷害補償保険 …………… 64,65
信用生命保険 ………………… 92

【す】

推定全損 ……………………… 29

【せ】

請求権代位 …………………… 29
生産物賠償責任保険 ………… 70
生産物リスク ………………… 70
生死混合保険 ………………… 83
生前給付型生命保険 ………… 85
製造物責任法 ………………… 70
生存保険 ……………………… 81,82
生命表 ………………………… 10,11
全損 …………………………… 29
船舶保険 ……………………… 53
全部保険 ……………………… 25

【そ】

早期解約控除率 ……………… 38
相互会社 ……………………… 39
ソルベンシーマージン比率 … 38
損害防止義務 ………………… 22

【た】

大数の法則 …………………… 15
代替的リスク移転 …………… 76
代理店 ………………………… 32
多様性の原則 ………………… 19
団体保険 ……………………… 94,95

索　引

【ち】

中途付帯 …………………… 60
超過保険 …………………… 26
貯蓄保険 …………………… 82

【つ】

通知義務 …………………… 22
積立型損害保険 …………71, 72

【て】

定期付終身保険 …………… 82
定期付養老保険 …………… 83
定期保険 …………………… 81
天候デリバティブ ………… 77
塡補限度額方式 …………… 69

【と】

投機的リスク ……………… 4
等級別料率制度 …………… 66
特定疾病保障保険 ………… 85
特約再保険 ………………… 31
トリガー …………………… 77

【な】

内航貨物海上保険 ………53, 55

【に】

ニコラス・バーボン ……… 8
日本原子力保険プール …… 75
日本航空保険プール ……… 74
日本郵政公社 ……………… 44
任意再保険 ………………… 31

任意の自動車保険 ………… 64

【ね】

年金保険 …………………… 48

【の】

ノーロス・ノープロフィットの
　原則 ……………………… 62

【は】

賠償責任保険 ……………69, 70
ハザード …………………… 4
払済保険 …………………… 93

【ひ】

費差益 ……………………… 20
被保険者 …………………… 21
被保険利益 ………………21, 24
比例塡補 …………………25, 26

【ふ】

付加保険料 ………… 16, 18, 19
分損 ………………………29, 30

【へ】

平準保険料 ………………… 19
ペリル ……………………… 4
変額年金 …………………… 90
変額保険 …………………… 89

【ほ】

冒険貸借 …………………… 6, 7
保険価額 …………………… 24

105

保険金受取人 ……………… 21
保険金額 …………………… 25
保険契約者 ………………… 21
保険契約者保護機構 ……… 37
保険者 ……………………… 21
保険プール ………………… 74
保険ブローカー …………… 32

【み】

未評価保険主義 …………… 26

【む】

無過失責任主義 …………… 62

【ゆ】

有期型変額保険 ………89,90
郵政民営化法 ……………… 44
有利性の原則 ……………… 19

【よ】

養老保険 …………………… 83
予定事業費率 …………18,19
予定死亡率 ………………… 18

予定損害率 ………………… 18
予定利率 ………………18,19

【ら】

来店型保険ショップ ……… 33

【り】

利子禁止令 ………………… 6
利差益 ……………………… 20
リスク …………………… 3,4
リスクコントロール ……… 5
リスクファイナンス ……… 5
リスクマネジメント ……… 4
リスク細分型自動車保険 … 65
リビングニーズ特約 …85,86
流動性の原則 ……………… 19
利率変動型積立終身保険 … 82

【ろ】

ロイズ・コーヒー・ハウス ……… 7
労働者災害補償保険 ……… 48
ローレンツォ・トンチ …… 11

著者紹介

林　　裕（はやし　ひろし）

略　歴
　1959年　福岡県北九州市生まれ
　1987年　西南学院大学大学院経営学研究科博士課程修了
　1987年　熊本商科大学（現・熊本学園大学）商学部専任講師
　1990年　熊本商科大学（現・熊本学園大学）商学部助教授
　1998年　熊本学園大学商学部教授　現在に至る
　「保険論」「ライフマネジメント」担当

著　書
　『保険論講義』（税務経理協会　2000年）
　『家計保険と消費者意識』（税務経理協会　2003年）
　『リスク社会における生活設計』（税務経理協会　2004年）
　『家計保険論』（税務経理協会　2007年）
　『家計保険論〔改訂版〕』（税務経理協会　2011年）

共　著
　『現代日本の株式会社』（ミネルヴァ書房　2001年）
　『金融入門』（税務経理協会　2006年）
　『保険事業のイノベーション』（慶應義塾大学出版会　2008年）
　『ホスピタリティ入門』（熊日情報文化センター　2010年）
　『金融入門〔改訂版〕』（税務経理協会　2014年）
　『銀行・証券・保険の基礎知識』（税務経理協会　2020年）

著者との契約により検印省略

| 平成27年1月15日 | 初版第1刷発行 |
| 令和3年4月15日 | 初版第2刷発行 |

保険の基礎知識
－リスク対策のガイダンス－

著　者　　林　　　　　裕
発行者　　大　坪　克　行
製版所　　税経印刷株式会社
印刷所　　光栄印刷株式会社
製本所　　牧製本印刷株式会社

発行所　〒161-0033　東京都新宿区　　株式　税務経理協会
　　　　下落合2丁目5番13号　　　　　会社

　振　替　00190-2-187408　　　電話　(03)3953-3301（編集部）
　FAX　(03)3565-3391　　　　　　　 (03)3953-3325（営業部）
　　　　URL　http://www.zeikei.co.jp/
　　　　乱丁・落丁の場合は，お取替えいたします。

© 林　裕 2015　　　　　　　　　　　　　　　Printed in Japan

本書の無断複製は著作権法上での例外を除き禁じられています。複製される場合は，そのつど事前に，出版者著作権管理機構（電話 03-5244-5088，FAX 03-5244-5089, e-mail : info@jcopy.or.jp）の許諾を得てください。

JCOPY ＜出版者著作権管理機構 委託出版物＞

ISBN978-4-419-06186-9　C3063